빅데이터 분석을 위한

R 프로그래밍

조민호 지음

정보문화사
Information Publishing Group

빅데이터 분석을 위한
R 프로그래밍

초판 1쇄 발행 | 2016년 4월 12일
초판 3쇄 발행 | 2018년 10월 30일

지 은 이 | 조민호
발 행 인 | 이상만
발 행 처 | 정보문화사

책임편집 | 최동진
편집진행 | 노미라

주　　소 | 서울시 종로구 대학로 12길 38 (정보빌딩)
전　　화 | (02)3673-0037(편집부) / (02)3673-0114(代)
팩　　스 | (02)3673-0260
등　　록 | 1990년 2월 14일 제1-1013호
홈페이지 | www.infopub.co.kr

I S B N | 978-89-5674-675-3

머리말

요즘 들어 빅데이터, 데이터 과학자 등과 같은 용어들이 자주 사용되고 있다. 그리고 통계학을 전공하지는 않았지만 데이터 분석이나 통계 처리 분야에 관해 공부하기를 원하는 학생들도 점차 늘어나고 있다. 하지만 비전공자들이 참고할 만한 좋은 입문서는 아직도 많이 부족한 실정이다.

이 책은 통계 분석이 필요한 사람과 빅데이터, 데이터 과학 분야로 진출하고 싶은 열혈 독자들을 위한 것으로, 상세한 수식이나 논리보다는 어떻게 활용해야 하는지에 중점을 두고 있으며, 초보자들이 중간에 포기하지 않고 잘 마무리할 수 있도록 실습을 중심으로 구성하였다.

R은 다음과 같은 경우에 주로 사용된다.

- 업무상 통계 분석이 필요한 경우
- 데이터의 특성을 파악하고 어떻게 진행할 것인지에 대한 방향을 탐색하는 경우
- 시각화에 기반을 둔 통계 분석 리포트를 작성하는 경우
- 복잡한 데이터 조작 및 분석 과정을 프로그램하는 경우
- 신경망, 시뮬레이션, 기계 학습 등에 관한 연구를 하는 경우

이 책은 경영학이나 인문학을 전공한 사람이 데이터 분석 및 통계에 관한 공부를 하는 데에 많은 도움이 되는 교재라고 할 수 있다. 이 책을 모두 읽고 나면 '데이터 분석'과 '통계 분석'이라는 단어의 의미를 명확히 구별할 수 있게 될 것이다. 이와 아울러 R이라는 좋은 도구를 사용할 수 있는 능력도 갖추게 될 것이다.

나는 평생 동안 공부를 하면서도 항상 부족함을 느끼곤 한다. 이 책을 통해 단 한 사람이라도 내가 겪은 과정을 쉽게 건너뛸 수 있다면 큰 위로가 될 것이다.

나에게 오늘 이 순간을 허락해주신 많은 분들에게 감사의 마음을 전한다. 그리고 이 책을 펴고, 끝까지 읽어주신 독자들에게도 감사드린다.

저자 조민호

* 이 저서는 중원대학교 교내 학술 연구비 지원에 의한 것임(관리번호 : 2015-016)

R 학습방법

R에 대한 관심이 증대되고, 배우고자 하는 사람이 늘어갈수록 피해갈 수 없는 질문은 "어떻게 하면 R을 빠르고 효과적으로 배울 수 있는가?"이다.

R은 통계와 스크립트 언어를 기반으로 다양한 기능과 응용을 무료로 제공하는 제품이라고 설명할 수는 있지만, 기능과 응용이 다양한 만큼 어디에서부터 공부해야 할지 정확한 답을 찾기 어렵다. 이런 점이 통계나 컴퓨터에 익숙하지 않은 일반인들이 R을 쉽게 접근할 수 없는 제품의 이미지를 가지게 하고 있다. 이런 점을 극복하고 일반인들이 R을 쉽게 배워서 활용할 수 있도록 하자는 취지에서 이 책이 기획되었다.

독자보다 먼저 R을 공부해본 선임자로서 R을 공부하는 병법에 대한 나의 생각은 다음과 같다.

[R 구성에 대한 필자의 생각]
- R 기본 패키지에 필요한 기능을 추가하여 사용하는 구조로 되어 있다.
  이때, 추가되는 패키지는 R 기본 패키지에서 제공하는 기본 기능과 명령어를 동일하게 사용하게 된다. 그러므로, 기본 패키지에서 제공하는 공통 기능 부분을 정확히 이해하는 것이 중요하다.

- R 기본 패키지는 다음과 같이 이루어진다.
  - R 기본 사용법, 명령어, 처리 절차
  - 기본적인 자료형의 정의 및 사용
  - 배치 모드를 확대한 프로그램 기능
  - 그래픽 기능
  - 통계 기능

- R 기능이 추가되는 부분을 선택하여 설치하는 것으로 매우 다양하며, 계속 보완되고 확장되고 있다.
  - R 그래픽/통계 기능을 보다 멋지고 다양하게 하는 부분
  - 대용량 데이터 분석을 위한 기능 부분
    : 데이터 조작 및 생성 기능, 의사결정 트리, 회귀, 클러스터링, 군집, 팩터, 시계열, 텍스트 마이닝, 소셜네트워크 등

[R 정복을 위한 공부 방법]
- R의 전부를 알겠다는 욕심을 버린다.
- R에서 제공하는 기본 패키지 중에서도 많이 사용되는 핵심 기능을 중심으로 공부한다. 실제로 R에서 제공하는 기본 기능 중에서 평상시에 자주 사용하는 핵심 기능은 10%도 되지 않는다.
- R의 기능을 추가하는 패키지 중에서 사용빈도가 높은 몇 가지의 패키지를 공부하여 익힌다. 특히, 그래픽 부분이 중요하다.
- 나머지 부분은 필요한 경우에 해당 패키지의 매뉴얼을 통해 별도로 공부한다.

[결론적으로, 이 책의 구성은 다음과 같다]

- R 핵심 기능(=자주 사용하는 기능)을 중심으로 다룬다. 이것을 통하여 R에 대한 두려움을 없애고, 다른 사람이 만든 분석 사례나 스크립트를 이해하고 응용할 수 있도록 한다.
- R이 제공하는 전체 모습을 파악하고, 자신이 어떤 방향으로 공부할 것인지를 찾아서 혼자 공부할 수 있도록 한다.
- 추가적으로 R의 사용법 외에 R이 적용되는 대표적인 분야인 데이터 분석에 대한 기본적인 개념을 정리하고, 통계 분석까지 확대해 본다. 이런 과정을 통하여 R의 고급 활용이 가능하도록 하며, 분석 전문가로서의 기초를 다진다.

R 스터디 로드맵

이 책에서 준비한 R 공부의 단계는 3단계로 나누어서 제공하며, 이런 과정을 통하여 단순한 R 사용법 외에도 데이터 분석, 통계 이론에 대한 전체적인 개념을 쉽게 배울 수 있도록 구성하였다.

1단계 : 기본 학습을 충실하게 한다.
2단계 : 데이터 분석 및 통계 이론에 대해 확실하게 정리한다.
3단계 : 응용학습을 통하여 R의 다양한 추가 기능과 확장성에 대하여 공부한다.

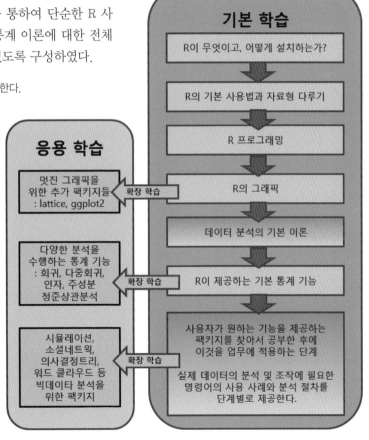

기본 학습

R이 무엇이고, 어떻게 설치하는가?

↓

R의 기본 사용법과 자료형 다루기

↓

R 프로그래밍

↓

R의 그래픽

↓

데이터 분석의 기본 이론

↓

R이 제공하는 기본 통계 기능

↓

사용자가 원하는 기능을 제공하는 팩키지를 찾아서 공부한 후에 이것을 업무에 적용하는 단계

실제 데이터의 분석 및 조작에 필요한 명령어의 사용 사례와 분석 절차를 단계별로 제공한다.

응용 학습

멋진 그래픽을 위한 추가 팩키지들 : lattice, ggplot2 ← 확장 학습

다양한 분석을 수행하는 통계 기능 : 회귀, 다중회귀, 인자, 주성분 정준상관분석 ← 확장 학습

시뮬레이션, 소셜네트웍, 의사결정트리, 워드 클라우드 등 빅데이타 분석을 위한 팩키지 ← 확장 학습

차례

머리말 3
R 학습방법 4
R 스터디 로드맵 5

Chapter 1 R 기본 패키지

01 개요	10
02 R의 역사와 기능	11
03 설치 및 시작하는 방법	18
04 기본적인 사용 방법	22
05 기본적인 데이터 타입	28
06 데이터의 저장하기와 불러오기	49

Chapter 2 R 프로그래밍

01 개요	62
02 함수	64
03 조건문	70
04 반복문	72
05 연산자와 인덱스	75
06 추가적인 기능들	77

Chapter 3 R 그래픽

01 개요   86
02 화면을 분할하는 방법   87
03 그래프 그리는 방법(산포도)   93
04 그래프 그리는 방법(막대 그래프)   101
05 그래프 그리는 방법(점 그래프)   109
06 그래프 그리는 방법(히스토그램)   110
07 그래프 그리는 방법(파이 그래프)   111
08 그래프 그리는 방법(상자모양 차트)   115
09 그래프에 필요한 추가적인 기능들   117
10 다양한 그래프 종류의 소개   123
11 3차원 그래프   127
12 그래픽용 패키지 사용   129

Chapter 4 R 통계

01 개요   138
02 통계 분석의 전체범위   139
03 데이터 분석 과정   140
04 통계 분석   150
05 데이터 분석에 사용되는 중요기법   164

Chapter 5 R 응용

01 개요   204
02 시뮬레이션   206
03 소셜네트워크 분석   209

04 의사결정 트리   214

05 워드 클라우드   220

06 몬테카를로 시뮬레이션   224

Chapter 6   **R 사용을 위한 Tip**

01 개요   230

02 일반적인 명령어   231

03 데이터 처리   234

04 데이터를 그래프로 표현하는 방법   238

05 R을 활용하는 도구   248

06 R 명령어 정리   254

찾아보기 284

Chapter

1

R 기본 패키지

R을 학습함에 있어서 가장 중요한 부분이다. R의 소개와 설치뿐만 아니라 늘 사용하게 되는 기본적인 명령어와 데이터의 타입에 대해서 종합적으로 정리하게 될 것이다.

처음이기도 하지만, 매우 중요한 부분이니까 정신을 차리고 시작한다.

01 개요
02 R의 역사와 기능
03 설치 및 시작하는 방법
04 기본적인 사용 방법
05 기본적인 데이터 타입
06 데이터 저장하기와 불러오기

01

개요

R의 핵심이며 가장 중요한 부분으로 앞으로 사용하게 될 모든 R 패키지(=분석을 제공하는 모듈)가 공통으로 사용하는 명령어와 처리절차 및 확대 응용의 기반을 제공한다. 이 부분에 익숙해지는 것이 R을 활용하거나 다른 사람이 개발한 자료를 읽고 이해하는 데 중요하다.

이 장의 학습 내용

R의 역사와 기능
R은 누가 만들었고, 전체적으로 어떤 기능들이 제공되며, 각 기능별로 무슨 역할을 수행하는 지에 대한 설명이 제공된다. 그리고 선택된 기능을 사용하는 방법에 관해 설명한다.

설치 및 시작하는 방법
R의 다운로드 주소와 설치 및 시작하는 방법에 관해 설명한다.

기본적인 사용 방법
R에서 사용하는 필요한 변수와 라이브러리, 그리고 항상 사용하는 기본 명령어에 관해 설명한다.

기본적인 데이터 타입
R에서 사용하는 데이터 타입인 벡터 행렬, 데이터 프레임, 배열, 리스트에 관해 설명하고 응용하는 방법을 공부한다.

데이터 저장하기와 불러오기
R 데이터의 저장하기/불러오기, 엑셀 데이터 불러오기, 일반 텍스트 데이터 불러오기 등 다양한 경우에 대한 사용법을 익힌다.

[보충] 문자열 및 정규식 처리
프로그램에서 사용되는 문자열 처리 및 기법에 관해 간단히 설명한다.

02

R의 역사와 기능

이번에는 R의 역사와 기능에 대하여 알아보고 R이 지원하는 전체 기능 목록을 확인하며, 확장된 기능을 사용하기 위하여 필요한 패키지를 설치하고 사용하는 방법에 대하여 설명한다.

▌1 ▌ R의 역사

R을 개발한 사람은 뉴질랜드 오클랜드 대학교의 로스 이하카(Rose Ihaka)와 로버트 젠틀맨 (Robert Gentleman)이고, 이들은 벨 연구소의 존 쳄버(John Chambers), 릭 베터(Rick Becker), 알란 윅스(Allan Wilks)에 의해서 개발된 통계 분석 언어인 S를 근간으로 R을 만들었다. 1991년에 개발된 R은 1993년 최초로 공개되었고, 2000년 공개 소프트웨어로서 R 1.0이 공개되었다(R이라는 이름은 개발한 두 명의 저자 이름이 모두 R로 시작해서 지었다고 한다).

R은 통계 분석과 그래픽을 제공하는 무료 소프트웨어이다. 현재 6600개 이상의 분석용 패키지가 CRAN에 등록되어 사용자에게 제공되고 있다(2015년 5월 기준). 거의 모든 컴퓨터에서 수행할 수 있으며 간단한 코어에 필요한 기능을 모듈러 패키지(Modular Package) 형태로 나누어 제공하고 있다.

R에 관련된 정보는 R Foundation(http://www.r-project.org)에서 확인할 수 있으며 CRAN(The Comprehensive R Archive Network : http://cran.r-project.org)을 통해서 자유롭게 다운받아 설치할 수 있다. 그 외 R의 기능을 확장하거나 자체적으로 추가 기능을 제공하는 곳 중에서 대표적인 곳은 다음과 같다.

- Bioconductor : www.bioconductor.org
- R-Forge : r-forge.r-project.org
- GitHub : github.com

R은 학계와 산업계에서 매우 폭넓게 활용되고 있으며, KDnuggets에서 수행한 "Top Languages for analytics, data mining, data science" 도구 서열에서 2011~2014년까지 계속 1등하고 있는 제품이다. 최근에는 통계 분석과 그래픽 외 다양한 분야의 기능도 제공하고 있다.

R은 Hadoop과 더불어 빅데이터 분석을 위한 도구로도 사용되며 Google과 Facebook에서 R을 주된 분석 플랫폼으로 사용하고 있다. 더구나 SAS나 SPSS와 같은 유명 통계 소프트웨어에서 R과의 연동을 통해 새로운 분석 방법을 제공하기도 한다.

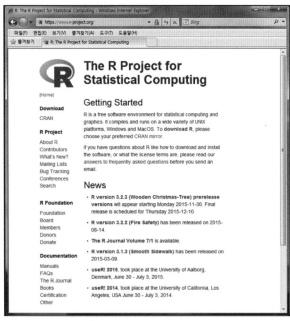

[그림 1.1] R 홈페이지

② R의 기능

R은 다양한 패키지들의 모임을 통칭하는 것으로 통계, 그래픽 외에도 기계학습, Social Network 분석, 금융, 생물정보학 등 다양한 분야에서 필요로 하는 기능을 가지고 있으며, 지금 이 시간에도 패키지 추가의 형태로 계속 기능이 확산되고 있다.

CRAN 홈페이지(https://cran.r-project.org/)에서 왼쪽 메뉴의 [Task Views]로 클릭하면 R에서 제공하는 패키지들의 전체 리스트를 볼 수 있고 R에서 제공하는 전체 범위를 보여준다.

[그림 1.2]의 내용을 보면 현재 R 패키지가 제공하는 기능의 범위가 통계에만 머물지 않고 "약동학", "심리학", "금융", "의료영상분석", "기계학습", "경제학" 등 다양한 분야로 확대되어 있다

는 것을 확인할 수 있다. [그림 1.2]에 보면 독자들의 이해를 위하여 R에서 제공하는 다양한 분야에 대한 정보를 한글로 번역하여 제공하였다.

좀 더 구체적으로 예를 들어보면 [그림 1.2]에서 Graphics 부분을 살펴본다. 이 부분에는 R에서 제공하는 그래픽 기능을 구현한 많은 패키지가 모여 있다. 실제로 Graphics를 클릭하면 그래픽에 관련된 패키지들의 리스트를 확인할 수 있다.

[그림 1.2] CRAN 홈페이지

[참고 자료]	
Bayesian	베이지안 추론
ChemPhys	계량 분석화학 및 전산물리학
ClinicalTrials	임상시험 설계, 모니터링 및 분석
Cluster	클러스트 분석 및 유한 혼합 모델
DifferentialEquations	미분방정식
Distribution	확률분포
Econometrics	전산 경제학
Environmetrics	생태 및 환경 데이터 분석
ExperimentalDesign	실험설계 및 데이터 분석
Finance	실증적 금융
Gentics	통계 유전학
Graphics	그래픽 디스플레이, 동적그래픽
HighPerformanceComputing	고성능 R과 병렬 컴퓨팅
MachineLearning	기계학습
Medical Imaging	의료영상분석
Multivariate	다변량통계
NaturalLanguageProcessing	자연언어처리
NumericalMathematics	수리통계
OfficialStatistics	공식통계 및 조사방법론
Optimization	최적화 및 수학프로그래밍
Pharmacokinetics	약동학 데이터 분석
Phylogenetics	약동학 비교방법론
Psychometrics	심리학 모델 및 방법
ReproducibleResearch	재현성 있는 연구
Robust	로버스트 통계 방법
SocialSciences	사회과학통계
Spatial	공간데이터 분석
Survial	생존 분석
TimeSeries	시계열 분석
WebTechnologies	웹 기술 및 서비스

[그림 1.3]을 보면 Graphics에 42개의 패키지가 포함되어 있다는 것을 확인할 수 있고, 그중 하나인 ggplot2 패키지를 선택하면 ggplot2에 대한 소개와 관련된 정보 및 매뉴얼을 확인하고 다운 받을 수 있다.

위와 같이 R에는 수많은 기능을 제공하는 패키지가 사용자의 손길을 기다리고 있다. 제아무리 전문가라고 하여도 이렇게 많은 패키지 전체를 이해할 수는 없다. 독자들이 이 책을 마무리한 후에는 필요에 따라 별도로 패키지에 대한 공부를 해야 한다. 공부에 도움을 주기 위하여 기업체에서 주로 사용하는 대표적인 R 패키지를 소개한다.

[대표적인 R 패키지]

- RODBC : DBMS와 인터페이스를 위한 패키지
- sqldf : R 데이터를 SQL 문을 이용하여 조작하는 기능을 제공하는 패키지
- ggplot2 : 화려하고 예쁜 그래프 생성을 제공하는 패키지
- RgoogleMaps : 구글 지도상에 다양한 정보를 표현하는 패키지
- googleVis : R에서 구글 데이터 시각화 API를 사용하여 동적 그래프를 그리는 패키지
- animation : R 그래프 결과를 애니메이션으로 생성시켜주는 패키지

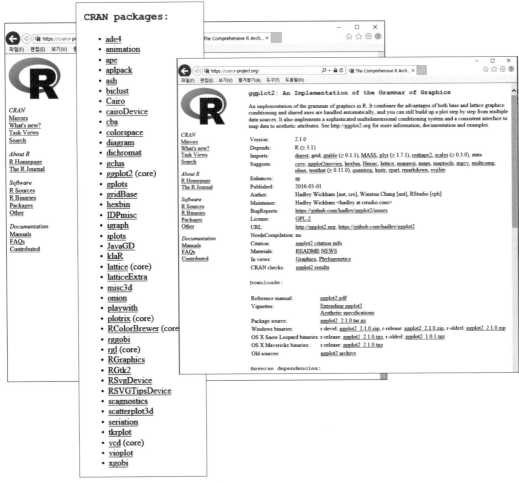

[그림 1.3] ggplot2 패키지

아직 R을 설치하지는 않았지만, 간단하게 아래의 내용을 읽어보면서 R에서 앞에 설명한 패키지를 설치하고 활용하는 방법을 익혀보자.

현재 내 컴퓨터에 R의 어떤 패키지가 설치되어 있는지 확인하는 명령은 search( )이며, R 콘솔창에 입력했을 때 graphics 패키지가 보이면 graphics를 사용할 준비가 된 것이다.

```
> search()
[1] ".GlobalEnv"        "package:stats"     "package:graphics"
[4] "package:grDevices" "package:utils"     "package:datasets"
[7] "package:methods"   "Autoloads"         "package:base"
```

또한, [stats], [datasets], [methods]와 같은 패키지도 사용할 준비가 된 것이다. 각 패키지들의 사용법은 앞으로 진행하면서 배우게 될 것이다.

R을 활용하여 페이스북, 트위터와 같은 Social Network 환경을 분석하고자 한다면 관련된 그림을 그려서 분석하는 것이 필요하다.

이때, 사용하는 것이 [igraph] 패키지이다. 'igraph'를 사용하겠다고 준비시키는 명령어가 'library'이므로 R 콘솔창에 'libray(igraph)'를 입력하면 다음과 같은 에러 문구가 나오게 되는데 내용은 "igraph 패키지가 호출되지 않습니다"라는 의미이다. 우선 내 컴퓨터에 [igraph] 패키지를 설치해야 한다.

```
> library(igraph)
다음에 오류library(igraph) : 'igraph' 라는 이름의 패키지는 없습니다
>
```

이후, 다른 작업을 할 경우 R에는 기본적인 기능만 설치되어 있어서, 나머지 패키지는 필요할 때마다 설치하여 사용해야 한다는 점을 기억하자.

'igraph' 패키지를 R에 설치해보자. 설치하는 명령어는 'install.packages'이며 R 콘솔창에 입력한다. 명령어 실행 중에 별도의 창이 뜨면 한국을 선택하면 된다. 그러면, 한국내에 있는 R서버에서 패키지를 다운받아서 설치한다.

[그림 1.4]와 같이 'install.packages("igraph")' 라는 명령을 수행하고, 보이는 CRAN 미러리스트에서 한국을 선택하면 설치가 자동적으로 이루어진다.

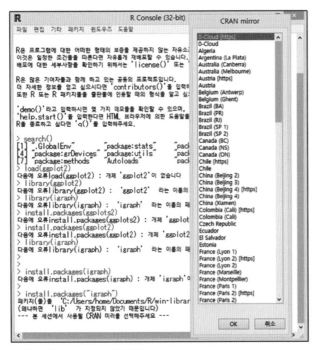

[그림 1.4] igraph 패키지 설치

설치가 끝나면, 다시 'library' 명령어를 이용하여 igraph를 사용한다고 선언해 보자. 당연히 정상적으로 작동을 하면서 프롬프트에 입력 표시가 생길 것이다. 이제는 'igraph' 매뉴얼에 있는 명령어를 사용해서 다양한 작업을 수행할 준비가 된 것이다.

```
> library("igrahp")
```

igraph에는 어떤 명령이 있는지 궁금한가? 그것은 필요시에 관련된 예제나 문서를 통하여 공부해야 한다. 이 책에서는 R 자체를 활용하기 위한 기본 지식의 습득을 목표로 한다.

이 책을 마무리 한 후에는 R에 있는 수많은 패키지들을 살펴보고, 공부하는 과정이 필요하다.

다른 사람이 사용한 사례를 얻어서 그것을 기반으로 수정과 보완의 과정을 통해 점차 발전시키는 방향으로 공부하는 경우도 많다(사실, 대부분의 경우 다른 사람이 작업한 결과를 분석하고, 이것을 기반으로 내가 필요한 내용을 추가/수정하여 사용한다).

이때, 각 패키지별로 기능을 확인해야 하는 경우가 있는데, 이 경우에 패키지에서 제공하는 매뉴얼을 참고할 수 있다.

요점 정리

1. R 통계 분석 언어인 S언어를 기반으로 만들어진 통계 및 그래픽을 지원하는 오픈 소스형 프로그램이다.

2. R 기본형(=통계, 그래픽, 구문분석 등) 외에 추가 기능은 별도의 패키지 형태로 제공된다. 그러므로 필요한 기능을 가진 패키지를 자신이 사용하는 R에 설치하여 사용한다.

3. R의 추가 기능은 http://cran.r-project.org/web/views에서 확인할 수 있다.

4. 현재 R에 설치된 패키지를 확인하는 명령어는 search() 이다.

5. R에 패키지를 추가하는 명령어는 install.packages(패키지명)를 사용한다.

6. 추가된 패키지를 사용하기 위해서는 library(패키지명)를 사용한다.

TIP

R 프로그램을 사용하면서, 기본적으로 제공하는 화면을 이용해도 사용에는 지장이 없다. 다만, 좀 더 쉽게 사용할 수 있도록 제공되는 유틸리티가 있는데, 이것이 R studio이고 홈페이지는(Http://www.rstudio.org)에서 무료로 다운받아 사용할 수 있다. 현재, 많은 사용자들이 R Studio를 사용하고 있고 이 책의 챕터 6의 내용 중에 "R을 활용하는 도구"에서 사용법에 대해 설명한다.

03

설치 및 시작하는 방법

R을 사용하고자 하면 가장 중요한 과정이 설치하는 절차라고 할 수 있다. 설치가 안되면 그 이상은 진도를 나갈 수 없으니까 꼭 필요한 절차라고 할 수 있다. R은 공개 소프트웨어로 웹을 통하여 자유롭게 프로그램을 다운로드하여 설치할 수 있다. 다만, 설치 후에 자신의 필요에 맞게 폰트나 윈도우의 형태를 조정하는 것이 필요하다.

1 R 설치

웹브라우저를 실행한 후 'http://cran.r-project.org'를 입력하고 Enter 를 누른다.

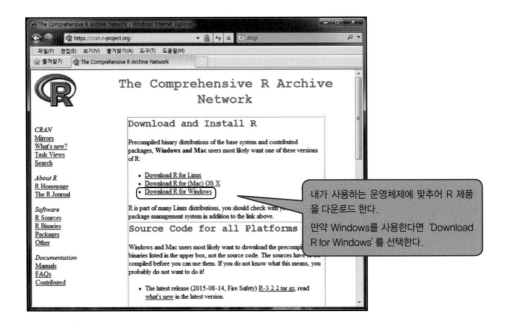

다음으로 아래의 화면이 보이면, base를 클릭한 후 이어지는 화면에서 "Download R 3.2.2 for Windows"를 클릭한다.

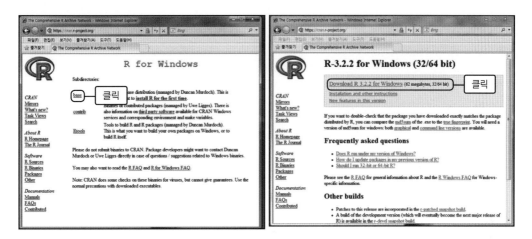

R 프로그램의 저장 위치를 지정하여 저장한 후 다운로드 된 파일(R-3.2.2-win.exe)을 클릭하면 프로그램이 자동으로 설치된다.

잠깐! 알고 계신가요? | **빅데이터는 무엇인가요?**

빅데이터라는 용어는 2000년 초반부터 미국을 중심으로 자주 사용되어온 용어이다. 아마도, 빅데이터라는 용어가 오늘처럼 사용하게 된 계기는 "하버드 비즈니스 리뷰" 2012년 10월호의 권두 특집으로 "Big Data"가 다루어지면서부터라고 할 수 있다.

빅데이터는 과거 데이터와 다른 점은 다음과 같다.

- 데이터가 사전에 정의되지 않고, 다양한 형태를 가지며 반복된다.
  (**예** 비디오, 소셜미디어, 텍스트, 웹로그와 같이 정형화되지 않은 데이터 포함)
- 데이터의 처리가 실시간 중심이다.
- 과거 분석 보다는 예측 및 최적화가 목표이다 .

즉, 빅데이터는 대용량의 다양한 데이터가 반복적으로 누적되는 환경에서 실시간으로 예측 및 최적화를 수행하는 것을 목적으로 하는 환경이라고 할 수 있다.

2 R 실행 방법

설치가 완료된 후 내 컴퓨터 바탕화면에서 R 아이콘을 더블클릭하면 R이 실행되면서 아래의 [그림 1.5]처럼 R 콘솔창이 정상적으로 실행되는 것을 볼 수 있다.

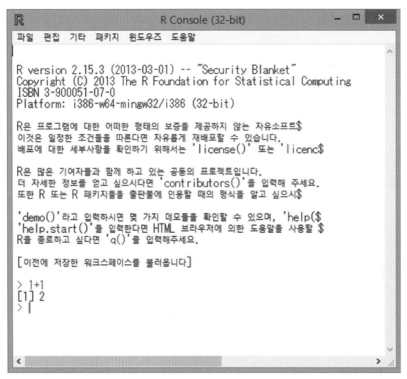

[그림 1.5] R 콘솔창

R 콘솔창은 설치하는 버전에 따라 메뉴가 한글로도 표시될 수 있고, 영문으로 표시될 수도 있다. 사용하는 입장에서 큰 문제가 없으므로, 2개를 혼용해서 사용하도록 한다.

R 콘솔창에 '1+1'을 입력하고 Enter 를 누른다. 그러면, [그림 1.5]와 같이 2라는 값이 출력된다. 그러면, R의 설치가 무사히 마무리 되었음을 확인할 수 있다.

이제 R의 설치는 완료되었다. 추가적으로 R 콘솔창에서 사용하는 폰트를 바꾸고 싶은 경우에는 다음과 같이 작업한다.

R 콘솔창에서 사용할 폰트를 바꾸고 싶은 경우에는, R이 설치된 곳의 etc 밑에 있는 Rconsole 파일을 열어서 아래와 같이 수정한다.

```
C:\Program Files\R\R-3.2.0\etc\Rconsole ⏎
   예 폰트 수정
   font = TT Courier New -> TT MS Gothic
   points = 10          -> 12
```

R 콘솔창은 기본적으로 MDI 형태로 운영된다. 이 의미는 창이 열리고 그 안에 여러 개의 창을 열어서, 하나는 R이 실행되고, 다른 창에는 다른 응용프로그램이 실행된다는 의미이다.

만약, 1개의 창에서 1개의 작업만을 하고 싶다면, 아래와 같이 입력한다.

```
C:\Program Files\R\R-3.2.0\etc\Rconsole e ⏎
   예 MDI 수정
   MDI = no (MDI 앞에 있는 #을 삭제한다.)
```

아래에 있는 화면은 MDI를 'no'라고 수정하고 실행한 R 콘솔창이다. R 콘솔창 외에 다른 실행 결과 값(예 그래프...)이 별도의 창이 열리면서 출력된다.

[그림 1.6] MDI를 'no'라고 설정한 R 콘솔창

04

기본적인 사용 방법

R을 활용할 때, 공통으로 사용하는 기본 명령어와 사용 방법에 관해서 설명한다. R을 사용하는 경우에 이번 장에서 취급하는 명령어들은 거의 매번 사용하게 될 것이다. 특히, 다른 사람에 의해 작성된 R 스크립트를 수정하여 사용하고자 할 때에도 이번 장에서 취급하는 명령어들에 대한 이해는 필수적이다. 이번 장의 설명을 위해 작성된 다양한 예들은 배치 모드로 작성하여 수행한 화면을 제시하였다. 그러므로 독자들은 화면의 내용을 자세히 보고 하나씩 실행시켜서 기본적인 명령어를 익히는 데 집중해야 할 것이다.

■ R은 두 가지 사용 방법이 있다

① 상호 대화형 모드 : 명령어를 입력하고 바로 실행

[그림 1.7] 상호 대화형 모드

② 배치 모드 : 실행해야 할 명령어를 모아서 파일로 만들고 한 번에 실행

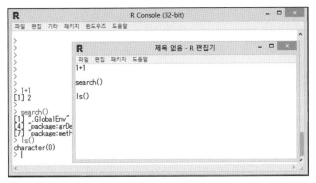

[그림 1.8] 배치 모드

[그림 1.8]의 R 콘솔창에서 [파일]-[새 스크립트]를 선택하면 별도의 편집창(=제목없음 -R 편집 기)이 나타나고, 여기에 실행하고자 하는 명령어를 입력한 후 [편집]-[전부 실행]을 클릭하면 R-편집기에 있는 명령어들이 순차적으로 실행된다.

한번 수행한 R-편집기의 내용을 저장한 후에 나중에 다시 불러내어 실행할 수 있다. R에서 대부분의 작업이 한 번에 끝나는 경우가 없으므로 R-편집기를 이용하여 수행되는 일련의 작업을 작성하고, 수행하고 저장하고 다시 불러서 재활용하는 과정은 많이 사용된다.

② 다음은 R에 대한 기본적인 사용 방법과 수학 함수에 대하여 설명한다

배치 모드로 작성된 스크립트를 메뉴에서 [Edit]-[Run all]을 클릭하여 실행하였다. 주석 부분의 내용을 자세히 읽어보고, 실습하기 바란다.

```
> #    주석은 #을 앞에 놓고 쓰면 된다
> #    [R을 계산기처럼 사용하기]
> 1+2      # 계산할 것을 지시하는 부분
[1] 3      # 수행한 결과
> (11+54-13)*76/9
[1] 439.1111
>
> #   [ R의 연산자 목록 ]
> #    + - * /    : 기본 연산자
> #    %/%        : 정수 나눗셈
> #    %%         : 나머지
```

```
> #   **          : 거듭제곱
>
> 9 %% 3    # 9를 3으로 나누면 나머지는 0 이다
[1] 0
>
> 4 %/% 2
[1] 2
>
>4**2         #4*4는 16이다
[1] 16
>
> #    [ R에서 지원하는 수학함수 목록 ]
> #   sin(x)    : sin x      ==>   cos(x), tan(x),
> #   sinh(x)   : sinh x     ==>   cosh(x), tanh(x),
> #   asin(x)   : sin-1 x    ==>   acos(x), atan(x), asinh(x), acosh(x), atanh(x)
> #   log(x)    : 로그
> #   log10(x)  : 상용로그
> #   log2(x)   : 밑이 2인 로그
> #   log1p(x)  : log(1+x)
> #   exp(x)    : ex          ==>   expm1(x) : ex-1
> #   sqrt(x)   : 루트
> #   trunk(x)  : 소수점이하 버림표
> #   abs(x)    : x의 절대값
> #   runif(n)  : 0과 1사이의 난수  n개 생성
> #   floor(x)  : x 보다 작은 최대 정수
> #   Round(x, digits=0) : x값을 반올림한 정수
>
> sqrt(5)       #루트  5를 의미하는 함수
[1] 4.711113
>
> #   [이전 명령어의 재호출]
> #   위의 화살표키를 누르면 앞에서 수행했던 명령어들을 다시 수행할 수 있다
> #   이때, 커서를 움직여서 일부를 수정해서 수행할 수 있다
>
> #   [R의 종료]
> quit()
>
```

❸ R에서 변수를 다루는 방법에 대해 아래의 내용을 살펴보자

변수에 값을 할당할 때 =, 〈-를 사용할 수 있다. 하지만, 〈-의 사용을 추천한다.

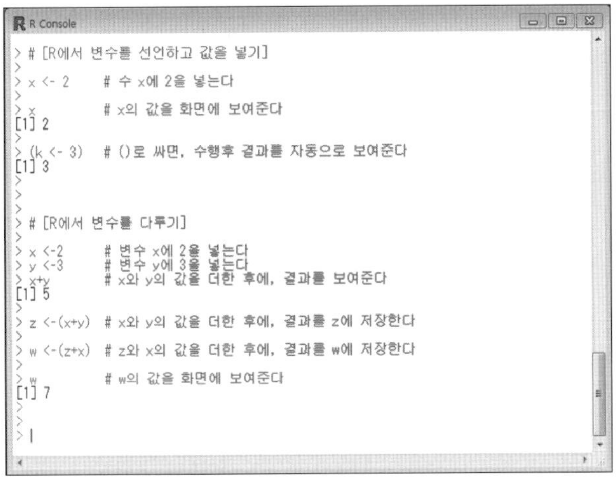

```
R Console
> # [R에서 변수를 선언하고 값을 넣기]
> x <- 2      # 수 x에 2을 넣는다
> x           # x의 값을 화면에 보여준다
[1] 2
> (k <- 3)    # ()로 싸면, 수행후 결과를 자동으로 보여준다
[1] 3
>
> # [R에서 변수를 다루기]
> x <-2       # 변수 x에 2을 넣는다
> y <-3       # 변수 y에 3을 넣는다
> x+y         # x와 y의 값을 더한 후에, 결과를 보여준다
[1] 5
> z <-(x+y)   # x와 y의 값을 더한 후에, 결과를 z에 저장한다
>
> w <-(z+x)   # z와 x의 값을 더한 후에, 결과를 w에 저장한다
>
> w           # w의 값을 화면에 보여준다
[1] 7
>
> |
```

[그림 1.9] **변수 값 사용**

할당된 변수 값을 삭제할 때 'rm(변수명)'를 입력한다.

```
> rm(w)          # 변수 w를 삭제합니다
> rm(list=ls())  # 현재 시스템에서 사용 중인 모든 변수를 지운다
```

R에서 실행되는 작업을 저장하는 디렉터리를 지정하고자 하는 경우 'setwd(경로명)'를 입력한다 (R 콘솔창 메뉴에서 [File]−[Change dir]로도 동일한 기능 수행). 또한, 현재 작업하는 디렉터리를 확인할 때 'getwd()'를 입력한다.

```
> setwd("C:/study/R")
```

현재 시스템에서 사용되는 변수의 리스트를 확인할 때 'ls()'를 입력한다(R은 대소문자를 구별한다. 그러므로 명령어를 입력할 때 주의를 해야 한다).

```
> ls()           # 현재 시스템에서 사용되는 변수의 리스트를 보여준다(또는, >object())
> rm(list=ls())  # 현재 시스템에서 사용 중인 모든 변수를 지운다
```

도움말 보기는 다음과 같이 입력한다.

```
> help("for")     # for 명령어에 대한 도움말을 보여준다
```

특정 변수의 값을 알고 싶은 경우 다음과 같이 입력한다.

```
> is()          # 현재 시스템에서 사용되는 변수의 리스트를 보여준다
> bb            # is()에서 보여준 변수 중의 하나인 bb 변수의 내용을 화면에 보여준다
```

특정 문자열을 화면에 보여줄 때 다음과 같이 입력한다.

```
> cat(" I love you \n")      # 문자열을 표시하고, 개행(\n)을 실행한다(\t도 가능)
I love you
>
```

명령의 실행 결과를 별도의 파일로 저장하는 경우 다음과 같이 입력한다.

```
> sink("output.txt")      # 저장할 파일명을 입력한다(저장될 경로명은 사전에 정의한다)
> cat(" I love you \n")
>                         # 출력 결과 화면이 아닌 파일로 저장된다
> sink()                  # 원래 위치로 돌아간다
```

분석을 위하여 사용하는 데이터에 대한 간단한 조작은 다음과 같이 입력한다.

```
> head(iris)       # R이 제공하는 기본 데이터 iris의 앞부분을 보여준다
> tail(iris)       # iris의 뒷부분을 보여준다
> view(iris)       # iris 데이터를 별도의 창에 보여준다
> summary(iris)    # iris 데이터의 기본 통계량(최대,최소,평균...)을 보여준다
```

TIP

지금까지 설명한 명령어는 사용 빈도가 높고, R에 익숙해지기 위해서 필수적인 명령어이다. 반드시 숙지하기 바란다(setwd, getwd, ls, head, tail, view, summary, cat).

♣ 요점 정리

R을 사용하면서, 가장 많이 사용하는 명령어에 대하여 앞부분의 설명에 따라 실제 실행한 화면을 제공한다.

```
> getwd()     # 현재 사용하는 디렉터리 정보
[1] "C:/Users/home/Documents"
> cat("This is a test Message. \n") # 화면에 메시지 표시하기
This is a test Message.
> sink("output.txt")   # 이후에 발생하는 모든 출력을 화면 외에 output.txt에 저장한다
> cat("This is a sink test. \n") # 메시지가 output.txt 파일로 보내짐
>
> head(iris) #iris 데이터의 앞부분을 보여주어야 하는데, output.txt로 보내짐
> sink()    #파일로 보내지는 것을 풀고, 다시 화면에 보여지도록 함
> head(iris)
  Sepal.Length Sepal.Width Petal.Length Petal.Width Species
1          5.1         3.5          1.4         0.2 setosa
2          4.9         3.0          1.4         0.2 setosa
3          4.7         3.2          1.3         0.2 setosa
4          4.6         3.1          1.5         0.2 setosa
5          5.0         3.6          1.4         0.2 setosa
6          5.4         3.9          1.7         0.4 setosa
> ls()
character(0)
> summary(iris)   # iris 데이터의 통계량을 정리해서 보여줌
  Sepal.Length    Sepal.Width     Petal.Length    Petal.Width
 Min.   :4.300   Min.   :2.000   Min.   :1.000   Min.   :0.100
 1st Qu.:5.100   1st Qu.:2.800   1st Qu.:1.600   1st Qu.:0.300
 Median :5.800   Median :3.000   Median :4.350   Median :1.300
 Mean   :5.843   Mean   :3.057   Mean   :3.758   Mean   :1.199
 3rd Qu.:6.400   3rd Qu.:3.300   3rd Qu.:5.100   3rd Qu.:1.800
 Max.   :7.900   Max.   :4.400   Max.   :6.900   Max.   :2.500
       Species
 setosa    :50
 versicolor:50
 virginica :50
>
```

위의 내용을 실습해보고, 정확한 이해를 하였다면, 이제는 R에 대하여 어느 정도 파악을 했다고 볼 수 있다.

05

기본적인 데이터 타입

R을 이용하여 통계 분석이나 시뮬레이션을 포함한 작업을 하고자 하면, 가장 기본이 되는 것이 R에게 어떤 자료를 다루어야 하는지를 알려주는 것이다. R에는 다룰 수 있는 데이터의 종류가 많다(많다는 것은 축복일 수도 있고, 재앙일 수도 있다).

R에서 사용하는 데이터의 종류와 사용 방법에 대해 하나씩 확인해 보자. R에서 사용하는 데이터 종류는 아래와 같이 요약할 수 있다.

[표 1-1] 정규식 정리

자료 형태	구성 차원	자료 유형	복수 데이터 유형 적용 여부
벡터(vector)	1차원	수치/문자/복소수/논리	불가능
행렬(matrix)	2차원	수치/문자/복소수/논리	불가능
데이터프레임(data frame)	2차원	수치/문자/복소수/논리	가능
배열(Array)	2차원 이상	수치/문자/복소수/논리/수치/문자	불가능
요인(factor)	1차원	수치/문자	불가능
시계열(time series)	2차원	수치/문자/복소수/논리	불가능
리스트(list)	2차원 이상	수치/문자/복소수/논리함수/표현식/call 등	가능

중요

R에서 사용하는 데이터의 특징을 간단하게 설명한다.

- 벡터(vector) : 동일한 형태의 자료를 1차원의 형태로 여러 개 모아서 취급하는 데이터 형태
- 행렬(matrix) : 동일한 형태의 자료를 2차원의 형태로 여러 개 모아서 취급하는 데이터 형태

- 데이터 프레임(data frame) : 행렬과 비슷하지만, 차이점은 각 컬럼별로 데이터의 형태가 다를 수 있다.
- 배열(Array) : 행렬을 다차원으로 확장한 것으로, 3차원/4차원 등의 형태가 가능하다.
- 요인(factor) : 벡터의 특수한 형태로 설문조사의 선택 문항 등 카테고리를 저장할 수 있는 데이터 형태(예 주어진 벡터 데이터를 A, B, C 3개의 레벨로 분류하여 처리하는 것)
- 시계열(time series) : 시간 등과 같이 일련의 시간 자료를 표현하는 자료 구조
- 리스트(list) : 키, 값의 형태로 된 데이터를 처리하는 자료 구조

TIP

- R을 사용함에 있어서 데이터가 없는 경우는 없다. R에서 제공하는 데이터 중에서 벡터, 행렬, 데이터 프레임의 3가지가 일반적으로 사용된다.
- 데이터를 잘 다루는 것이 대용량 데이터 분석에 중요하다. 특히, 주어진 데이터에서 특정 부분을 발췌하여 사용한다거나, 특정 데이터 간에 조작을 하는 경우 발생한다. 이 부분은 이 책에서 별도로 다루지 않을 예정이다. 이 책을 다 읽은 후에 데이터의 조작이 필요한 경우에는 별도의 자료를 통해서 공부해야 할 것이다.

1 벡터

R의 자료형 중 많이 사용되는 벡터에 대한 사용법이다. 기본적으로 c( )를 이용하여 생성한 후에 변수에 값을 할당하여 사용한다. 아래의 예에서는 c( )를 이용해서 벡터의 값을 생성해서 x에 할당한 후에 다양한 처리를 하는 과정을 보여준다.

● 벡터형의 자료 생성

```
> x <- c(1,2,3,4,5)    # 벡터형의 자료를 생성해서 변수 x에 할당한다
> x                    # x의 값을 확인한다
[1] 1 2 3 4 5
>
> xy <- rnorm(30)       # 30개의 정규분포를 하는 난수를 생성해서 x에 할당한다
> xy                    # xy의 값을 확인한다
 [1] -0.43803514 -0.98762514  1.08564399  1.56132002 -1.72153176 -1.60732967
 [7]  0.04524145 -0.15646359  0.46955148 -0.42902337 -0.82473602 -1.16740381
[13]  0.30255449 -1.15786788 -2.01845710  0.88943451 -1.07669022 -1.67975342
[19]  0.26780019 -1.97835416  0.84258062  1.48363869  0.31034928 -0.89652781
[25] -0.47623861 -0.36778789  0.78076294  0.40175123  0.50300340 -1.70601736
>
```

● 벡터형으로 생성된 자료에 대한 기본적인 연산

```
>
> x <- c(1,2,3,4,5)     # 벡터형의 자료를 생성해서 변수 x에 할당한다
> x                     # x의 값을 확인한다
[1] 1 2 3 4 5
> mean(x)               # 평균을 구한다
[1] 3
> order(x)              # 커지는 순서대로 배열한다
[1] 1 2 3 4 5
> rev(x)                # 역순(작아지는 순서)으로 배열한다
[1] 5 4 3 2 1
> range(x)              # x값의 범위를 구한다
[1] 1 5
> sd(x)                 # x값의 표준편차를 구한다
[1] 1.581139
> sort(x)               # x값을 커지는 순서대로 정렬한다
[1] 1 2 3 4 5
> sort(x, decreasing=TRUE) # x값을 작아지는 순서대로 정렬한다
[1] 5 4 3 2 1
> length(x)             # x의 길이를 구한다
[1] 5
```

● 벡터형의 자료를 조작하는 기능

```
> x <- c(1,4,6,8,9)     # 벡터형의 자료를 생성해서 변수 x에 할당한다
> x                     # x의 값을 확인한다
[1] 1 4 6 8 9
>
> x[2]                  # x의 두 번째 값을 구한다
[1] 4
> x[-2]                 # x의 두 번째 값을 빼고 나머지를 구한다
[1] 1 6 8 9
> x[3] <- 4             # x의 세 번째 값을 4로 바꾼다
> x                     # x의 값을 확인한다
[1] 1 4 4 8 9
>
```

```
> x[2<x & x<5]          # x의 값이 2보다 크고, 5보다 작은 것을 구한다
[1] 4 4
>
> names(x) <- c("first","second","third","forth","fifth")
> x["third"]
third
    4
>
> #######################################
> # 벡터형 자료의 일부를 바꾸는 법
>
> x <- c(1,4,6,8,9)    # 벡터형의 자료를 생성해서 변수 x에 할당한다
> x                    # x의 값을 확인한다
[1] 1 4 6 8 9
>
> y <- replace(x, c(2,4), c(32,24)) # x의  2, 4번째 자료를 32, 24로 바꿔라
> y
[1]  1 32  6 24  9
>
> w <- append(x,y)     # x에 y를 합친다
> w
 [1]  1  4  6  8  9  1 32  6 24  9
>
> z <- append(x,y, after=2)   # x의 2번째 다음에 y를 합친다
> z
 [1]  1  4  1 32  6 24  9  6  8  9
>
> # 벡터형 자료의 연산 기능
>
> c(1,2)+c(4,5)          # 1+4,  2+5를 수행한다
[1] 5 7
>
> c(1,2,3)+1             # c에 1을 더한다
[1] 2 3 4
>
```

● 벡터형의 데이터를 생성하는 다른 방법

```
>
> vector <- -5:5          # -5에서 5까지 정수를 생성하여 할당한다
> vector
 [1] -5 -4 -3 -2 -1  0  1  2  3  4  5
>
> q <-seq(from=1, to=5, by=0.5)   # 1부터 5까지 0.5 단위로 생성하여 할당한다
> q
[1] 1.0 1.5 2.0 2.5 3.0 3.5 4.0 4.5 5.0
>
> qq <- seq(10)          # 1부터 10까지 생성하여 할당
> qq
 [1]  1  2  3  4  5  6  7  8  9 10
```

● 벡터형의 데이터에 연산자나 집합 연산을 적용하는 방법

```
> x <-c(1,2,3)
> y <-c(4,2,8)
> x==y                   # x값과 y값이 같은지 순서에 따라 비교한다
[1] FALSE  TRUE FALSE
>
> # 벡터의 집합 연산
>
> # union(x,y)         # 합집합
> # intersect(x,y)     # 곱집합
> # setdiff(x,y)       # 차집합
> # setequal(x,y)      # 같은 집합인가?
> # is.element(a,x)    # a는 x에 포함되는가?
>
> (x <-c(sort(sample(1:99, 9))))   # 1~99까지 9개를 뽑고, 정렬할 것
[1] 12 29 47 56 61 66 71 85 95
>
> (y <-c(sample(3:60, 7)))          # 3에서 60까지 7개를 뽑을 것
[1] 47 44  3 27 15 21 23
>
> union(x,y)             # x와 y를 합친 것
 [1] 12 29 47 56 61 66 71 85 95 44  3 27 15 21 23
>
> intersect(x,y)         # x와 y의 공통적인 것
```

```
[1] 47
>
> setdiff(x,y)              # x와 y의 다른 것
[1] 12 29 56 61 66 71 85 95
```

● 벡터형의 데이터에는 여러 타입의 데이터가 저장될 수 있다. 대표적인 것이 숫자 데이터이다. 이번에는 벡터에 문자 데이터를 넣고 조작하는 기능

```
> # 벡터에 문자 자료를 가지는 경우
>
> (x <- rep(c("a","b","c"), times=4))    # a,b,c,d를 4번 반복하여 x를 생성
 [1] "a" "b" "c" "a" "b" "c" "a" "b" "c" "a" "b" "c"
>
> unique(x)                    # 반복된 값을 제거하여 보여주고, 데이터는 유지
[1] "a" "b" "c"
>
> match(x, c("a"))         # 벡터에서 a가 있으면 1을 보여준다
 [1]  1 NA NA  1 NA NA  1 NA NA  1 NA NA
>
> # 문자열 조작을 위한 함수 : 무지하게 중요 !!!!
>
> # chamatch()           : 문자열 부분 매칭
> # chrtr()              : 문자열 치환
> # grep()               : 정규표현식을 이용한 패턴 매칭
> # nchar()              : 문자수
> # paste()              : 문자열 결합
> # substr()             : 부분 문자열 추출
> # strsplit()           : 문자열 분할
> # tolower()            : 소문자로 치환, 반대는 toupper()
>
> xx <- c("a","b","c","d","e")   # 문자 자료를 가지는 벡터의 생성
> xx                             # 생성 확인
[1] "a" "b" "c" "d" "e"
>
> k=paste(xx[1], xx[2])          # 벡터 xx의 첫 번째와 두 번째를 연결해서 k에 할당
> k
[1] "a b"
>
> paste("I love ", "you and ", "you love ", "me!", sep="$") # 문자를 결합한다
[1] "I love $you and $you love $me!"
>
```

```
> paste(x, collapse="%")          # 문자 사이에 %를 넣는다
[1] "a%b%c%a%b%c%a%b%c%a%b%c"
>
> paste(x, collapse="")           # 문자 사이에 공백을 넣는다
[1] "abcabcabcabc"
>
> substring("abcdefghijklmn", 2:5) # 2~5, 3~5, 4~5, 5~5까지 문자열 생성
[1] "bcdefghijklmn" "cdefghijklmn" "defghijklmn"  "efghijklmn"
>
> substring("abcdefghijklmn", 2,5) # 2에서 5까지의 문자열 뽑아내기
[1] "bcde"
>
> name <- c("Jungwon", "University", "Computer","Science","Major", ↵
+ "Communication")
> grep('Co', name)                # name에서 Co로 시작하는 것
[1] 3 6
>
> grep('(om)',name)               # name에서 om을 가지고 있는 것
[1] 3 6
>
```

TIP

grep에서 보여주는 방법을 '정규표현식' 이라고 하며, 다른 사람이 만든 자료를 읽을 때 필요한 경우가 많다.
"[보충] 문자열 및 정규식 처리" 부분을 참고할 것

● 벡터형의 데이터는 날짜나 논리형에 대한 것도 가질 수 있다. 이번에는 논리형 데이터를 가지는 경우에 대한 기능

```
> #논리형 벡터 : 논리값을 요소로 하는 벡터
>
> x <-runif(5)                    # 0~1 사이의 값을 5개 생성
> x
[1] 0.69398561 0.36193625 0.57461694 0.09095573 0.62968538
>
> (0.4 <= x) & (x <=0.7)          # x가 0.4~ 0.7 사이에 있는가?
[1]  TRUE FALSE  TRUE FALSE  TRUE
>
```

```
> any (x>0.9)                    # x 중에 0.9 이상이 있는가?
[1] FALSE
>
> all (x < 0.9)                  # x의 값이 모두 0.9 이하인가?
[1] TRUE
>
> is.vector(x)                   # x가 벡터형의 데이터인가 ?
[1] TRUE
>
> ## rep와 gl에 대한 보충 설명 : 많이 사용되는 기능입니다
>
> rep (9, 5)                     # 9를 5번 반복하라
[1] 9 9 9 9 9
>
> rep (1:4, 2)                   # 1~4를 2번 반복하라
[1] 1 2 3 4 1 2 3 4
>
> rep (1:4, each=2)             # 1을 2번, 2를 2번, 3을 2번, 4를 2번하라
[1] 1 1 2 2 3 3 4 4
>
> gl (4,3 )                      # 1을 3번, 2를 3번, 3을 3번, 4를 3번하라
 [1] 1 1 1 2 2 2 3 3 3 4 4 4
Levels : 1 2 3 4
>
```

TIP

R을 활용하려면, 기본적으로 데이터가 필요하다. 기본적인 데이터인 벡터형은 순서대로 나열된 자료형을 말하며, 동일한 형태의 자료가 들어 있는 것이다. 벡터에 넣을 수 있는 자료형으로는 숫자, 문자, 날짜, 논리형 등 다양한 형태가 있다. 일단 만들어진 벡터형의 데이터는 다양한 조작이 가능하다.

- 벡터의 생성에 대한 다양한 방법
- 전체/특정 부분의 보기 및 변환
- 벡터형 데이터 간의 연산
- 데이터의 검색, 문자 데이터인 경우 결합, 분리 기능
- 데이터에 대한 집합 연산과 논리 연산자 사용

2 행렬

행렬은 R의 자료형 중에 가장 일반적으로 사용되는 자료형으로 2차원의 형태이며, 동일한 타입의 자료로 구성된다(**예** 숫자와 문자가 섞여서 구성될 수 없다).

● 행렬 생성 및 값의 조작

```
> # 행렬은 2차원의 자료형을 관리하는 방식이다
>
> # 행렬의 생성을 위해 3개의 벡터 데이터를 생성하고, 이것을 합친다
>
> vec1 <- c(1,2,3)    # 배열을 생성해서 vec1에 할당
> vec1
[1] 1 2 3
>
> vec2 <- c(4,5,6)    # 배열을 생성해서 vec2에 할당
> vec2
[1] 4 5 6
>
> vec3 <- c(7,8,9)    # 배열을 생성해서 vec3에 할당
> vec3
[1] 7 8 9
>
> # 배열 3개를 묶어서 행렬을 생성한다
> # rbind와 cbind의 차이를 확인할 것 !!
>
> mat1 <- rbind(vec1, vec2, vec3)
> mat1                 # 행렬의 모습을 확인하고, rbind의 역할을 확인
     [,1] [,2] [,3]
vec1    1    2    3
vec2    4    5    6
vec3    7    8    9
>
> (mat2 <- cbind(vec1, vec2, vec3)) #()로 묶으면 바로 결과 출력
     vec1 vec2 vec3
[1,]    1    4    7
[2,]    2    5    8
[3,]    3    6    9
>
```

```
> # 행렬 데이터의 조작
>
> apply(mat1, 1, max)                    # mat1의 세로(=1) 중에서 가장 큰 값을 출력
vec1 vec2 vec3
   3    6    9
> apply(mat1, 2, max)                    # mat1의 가로(=2) 중에서 가장 큰 값을 출력
[1] 7 8 9
>
> colnames(mat1) <-c("A", "B", "C")      # 행렬 데이터 컬럼에 이름 할당
>
> mat1                                   # 결과 확인
     A B C
vec1 1 2 3
vec2 4 5 6
vec3 7 8 9
>
```

● 문자형 행렬 데이터 생성

```
> # 문자형 행렬 데이터 생성
> chars <- c("a","b","c","d","e","f","g","h","i","j")
>
> # 아래에 벡터형 데이터를 기반으로 3가지 타입의 행렬 데이터를 만든다
> mat11 <- matrix(chars)
> mat11
      [,1]
 [1,] "a"
 [2,] "b"
 [3,] "c"
 [4,] "d"
 [5,] "e"
 [6,] "f"
 [7,] "g"
 [8,] "h"
 [9,] "i"
[10,] "j"
> mat22 <- matrix(chars, nrow=5)
> mat22
```

```
     [,1] [,2]
[1,] "a"  "f"
[2,] "b"  "g"
[3,] "c"  "h"
[4,] "d"  "i"
[5,] "e"  "j"
> mat33 <- matrix(chars, ncol=5)
> mat33
     [,1] [,2] [,3] [,4] [,5]
[1,] "a"  "c"  "e"  "g"  "i"
[2,] "b"  "d"  "f"  "h"  "j"
>
> # 행렬 데이터의 조작
> x1 <- matrix(1:8, nrow=2)  # 1에서 8까지의 숫자를 생성하고 row는 2이다
> x1                          # 생성된 데이터의 형태를 확인해 본다
     [,1] [,2] [,3] [,4]
[1,]    1    3    5    7
[2,]    2    4    6    8
>
> x1*3 ; x1                   # 행렬 x1에 3을 곱한다. 결과를 보여준다
     [,1] [,2] [,3] [,4]
[1,]    3    9   15   21
[2,]    6   12   18   24
     [,1] [,2] [,3] [,4]
[1,]    1    3    5    7
[2,]    2    4    6    8
>
> x1*c(10, 20); x1           # 행렬 x1에 10과, 20을 각각 곱한다
     [,1] [,2] [,3] [,4]
[1,]   10   30   50   70
[2,]   40   80  120  160
     [,1] [,2] [,3] [,4]
[1,]    1    3    5    7
[2,]    2    4    6    8
>
```

● 행렬 데이터 추출

```
> # 실습을 위한 행렬을 matrix를 이용하여 생성한다
>
> x <- matrix(1:12, nrow=3, dimnames=list(c("R1","R2","R3"), ↵
+ c("C1","C2","C3","C4")))
>
> x                          # x 값을 확인
   C1 C2 C3 C4
R1  1  4  7 10
R2  2  5  8 11
R3  3  6  9 12
>
> x[7]                       # x 7번째 값을 확인
[1] 7
>
> x[1, ]                     # x의 첫번째 행의 값을 확인
C1 C2 C3 C4
 1  4  7 10
>
> x[, 2:4]                   # x의 2번째에서 4번째 열의 값을 출력
   C2 C3 C4
R1  4  7 10
R2  5  8 11
R3  6  9 12
>
> x[,-2]                     # x의 2번째 열의 값을 빼고 출력
   C1 C3 C4
R1  1  7 10
R2  2  8 11
R3  3  9 12
>
> # 연습문제 : 아래의 예를 실행하여 결과를 확인해 본다
> x <- matrix(c(1,2,3,4,5,6), nrow=2)
```

```
> colnames(x) <- c("First","Second","Third")
> x
x[1, "First"]
```

3 데이터 프레임

R의 자료형 중 하나인 데이터 프레임은 행렬(matrix)과 비슷하지만 각 컬럼별로 다른 형태의 데이터를 가질 수 있다. 일반적으로 많이 사용되지는 않지만 특별한 경우에 유용하므로 아래의 예를 통해 살펴본다.

● 데이터 프레임의 생성 및 조작

```
> # 배열 데이터를 선언한다
> no <- c(1,2,3,4)
> name <- c("Apple", "Banana", "Peach", "Berry")
> prices <- c(500, 200, 200,50)
> qty <- c(5,2,7,9)
>
> # 선언된 배열 데이터(다른 형태도 좋다)를 모아서 행렬을 구성한다
> # 이것을 데이터 프레임이라고 한다
> fruit <-data.frame(No=no, Name=name, PRICE=prices, QTY=qty)
> fruit
  No   Name PRICE QTY
1  1  Apple   500   5
2  2 Banana   200   2
3  3  Peach   200   7
4  4  Berry    50   9
>
> # 데이터 프레임 데이터의 조작
> fruit[1,]     # 1번 행만 출력할 것
  No  Name PRICE QTY
1  1 Apple   500   5
> fruit[, 2:3] # 2,3번 열만 출력할 것
    Name PRICE
1  Apple   500
2 Banana   200
```

```
3   Peach    200
4   Berry     50
> fruit[, -2]    #2번 열을 제외하고 출력할 것
  No PRICE QTY
1  1   500    5
2  2   200    2
3  3   200    7
4  4    50    9
```

4 리스트

R의 자료형인 리스트(List)는 키, 값의 형태로 데이터가 구성되는 것을 말한다. 많이 사용되지는 않지만 기본 자료형에 속하니까 아래의 예를 통해 살펴본다.

● 리스트의 생성 및 조작

```
> # 리스트형의 자료 생성 및 모양의 확인
> member <- list(name="minho", address="seoul", tel="2345", pay=300)
> member
$name
[1] "minho"

$address
[1] "seoul"

$tel
[1] "2345"

$pay
[1] 300


>
> # 리스트형 자료의 조작 방법 (데이터 삽입 확인)
> member$name    # name만 확인
[1] "minho"
> member[1:3]    # 1번에서 3번까지의 자료만 확인
```

```
$name
[1] "minho"

$address
[1] "seoul"

$tel
[1] "2345"

> member$birth <-"1975-10-23"    # 새로운 데이터의 삽입
> member                         # 자료가 입력된 것을 확인
$name
[1] "minho"

$address
[1] "seoul"

$tel
[1] "2345"

$pay
[1] 300

$birth
[1] "1975-10-23"


>
```

잠깐! 알고 계신가요?	빅데이터를 태어나게 한 기술 요소는 무엇이 있나요?

- 인터넷의 발전에 따른 데이터의 발생
- 모바일 단말기의 보급을 통한 다양한 자료의 확보 및 고객접촉 방법의 증가
- 센서에 기반한 데이터의 다양화, 대형화
- 클라우드 컴퓨팅을 기반으로 하는 컴퓨터 운영 가격의 하락과 파워의 증가
- 시장의 세분화에 따른 고객의 다양한 요구 및 소비자의 다양

5 행렬 확장

R의 행렬은 많이 사용되는 자료형이다. 이번에는 행렬 데이터의 조작에 대해 조금 더 깊이 도전해 보자.

● 행렬 조작 기법의 확장

```
># 실습을 위하여 작업할 디렉터리를 설정하고, 실습에 사용할 데이터를 읽어서 score에 저장한다

> setwd("c:/Study/R")    # 작업 디렉터리 설정
> score <- read.csv("top50.csv", sep=",",header=TRUE)   # 설정된 곳에서 데이터를 읽어옴
> head(score, 5)    # 읽어온 데이터 중에서 앞의 5줄만 화면에 보여줌
  Rank       Institution country Total Alumni Award  HiCi    NS   SCI Size
1    1      Harvard Univ     USA 100.0   98.6 100.0 100.0 100.0 100.0 60.6
2    2     Stanford Univ     USA  77.2   41.2  72.2  96.1  75.2  72.3 68.1
3    3    Univ Cambridge      UK  76.2  100.0  93.4  56.6  58.5  70.2 73.2
4    4    Univ California     USA  74.2   70.0  76.0  74.1  75.6  72.7 45.1
5    5     Messachusette     USA  72.4   74.1  78.9  73.6  69.1  64.6 47.5
>
> dim(score)    # 읽어온 자료의 행과 열의 숫자를 보여줌
[1]  6 10
> names(score)   # 읽어온 자료의 열의 이름을 화면에 보여줌
 [1] "Rank"        "Institution" "country"     "Total"       "Alumni"
 [6] "Award"       "HiCi"        "NS"          "SCI"         "Size"
>
> # 읽은 자료를 편집하겠다는 명령으로 별도의 윈도우에 자료가 보여지고, 편집이 가능
> edit(score)
```

데이터 편집기

	Rank	Institution	country	Total	Alumni	Award	HiCi	NS	SCI
1	1	Harvard Univ	USA	100	98.6	100	100	100	100
2	2	Stanford Univ	USA	77.2	41.2	72.2	96.1	75.2	72.3
3	3	Univ Cambridge	UK	76.2	100	93.4	56.6	58.5	70.2
4	4	Univ California	USA	74.2	70	76	74.1	75.6	72.7
5	5	Messachusette	USA	72.4	74.1	78.9	73.6	69.1	64.6
6	6	California	USA	69	59.3	66.5	64.8	66.7	53.2
7									
8									
9									
10									
11									
12									
13									
14									
15									
16									
17									
18									
19									

윈도우를 닫으면, 아래와 같이 최종 확정된 데이터의 내용이 화면에 보여짐

```
   Rank      Institutioncountry Total Alumni Award   HiCi     NS    SCI   Size
1     1     Harvard Univ    USA 100.0   98.6 100.0  100.0  100.0  100.0   60.6
2     2    Stanford Univ    USA  77.2   41.2  72.2   96.1   75.2   72.3   68.1
3     3   Univ Cambridge     UK  76.2  100.0  93.4   56.6   58.5   70.2   73.2
4     4  Univ California    USA  74.2   70.0  76.0   74.1   75.6   72.7   45.1
5     5    Messachusette    USA  72.4   74.1  78.9   73.6   69.1   64.6   47.5
6     6       California    USA  69.0   59.3  66.5   64.8   66.7   53.2  100.0
>
> summary(score$SCI)  # score 데이터의 SCI열에 대한 기본 통계량을 보여줌
   Min. 1st Qu.  Median    Mean 3rd Qu.    Max.
  53.20   66.00   71.25   72.17   72.60  100.00
>
> mscore <- score[1:2,]  # score의 1,2 행을 분리하여 mscore에 저장
> mscore
   Rank    Institution country Total Alumni Award   HiCi     NS   SCI Size
1     1   Harvard Univ     USA 100.0   98.6 100.0  100.0  100.0 100.0 60.6
2     2  Stanford Univ     USA  77.2   41.2  72.2   96.1   75.2  72.3 68.1
>
> mscore2 <-score[3:6,]  # score의 3,4,5,6 행을 분리하여 mscore2에 저장
> mscore2
```

```
   Rank      Institution country Total Alumni Award HiCi   NS  SCI  Size
3   3   Univ Cambridge     UK  76.2  100.0  93.4 56.6 58.5 70.2  73.2
4   4  Univ California    USA  74.2   70.0  76.0 74.1 75.6 72.7  45.1
5   5    Messachusette    USA  72.4   74.1  78.9 73.6 69.1 64.6  47.5
6   6       California    USA  69.0   59.3  66.5 64.8 66.7 53.2 100.0
>
> newscore <-rbind(mscore,mscore2)  # 행으로 2개의 자료 결합하여 newscore에 저장
> newscore
   Rank      Institution country Total Alumni Award  HiCi    NS   SCI  Size
1   1     Harvard Univ    USA 100.0   98.6 100.0 100.0 100.0 100.0  60.6
2   2     Stanford Univ    USA  77.2   41.2  72.2  96.1  75.2  72.3  68.1
3   3   Univ Cambridge     UK  76.2  100.0  93.4  56.6  58.5  70.2  73.2
4   4  Univ California    USA  74.2   70.0  76.0  74.1  75.6  72.7  45.1
5   5    Messachusette    USA  72.4   74.1  78.9  73.6  69.1  64.6  47.5
6   6       California    USA  69.0   59.3  66.5  64.8  66.7  53.2 100.0
>
> mscore3 <-score[, 4:7]  # score를 4,5,6,7열을 분리하여 mscore3에 저장
> mscore3
  Total Alumni Award  HiCi
1 100.0   98.6 100.0 100.0
2  77.2   41.2  72.2  96.1
3  76.2  100.0  93.4  56.6
4  74.2   70.0  76.0  74.1
5  72.4   74.1  78.9  73.6
6  69.0   59.3  66.5  64.8
>
> mscore4 <-score[,8:9]  # score를 8,9열을 분리하여 mscore4에 저장
> mscore4
     NS   SCI
1 100.0 100.0
2  75.2  72.3
3  58.5  70.2
4  75.6  72.7
5  69.1  64.6
6  66.7  53.2
>
> newscore2 <-cbind(mscore3,mscore4)  # mscore3, mscore4를 열을 중심으로 합병
> newscore2
```

```
   Total Alumni Award  HiCi    NS   SCI
1 100.0    98.6 100.0 100.0 100.0 100.0
2  77.2    41.2  72.2  96.1  75.2  72.3
3  76.2   100.0  93.4  56.6  58.5  70.2
4  74.2    70.0  76.0  74.1  75.6  72.7
5  72.4    74.1  78.9  73.6  69.1  64.6
6  69.0    59.3  66.5  64.8  66.7  53.2
>
```

● R에서 많이 사용되는 "apply" 명령어에 대해 살펴본다.

```
># 많이 사용되는 apply 명령어 실습이다
># 자료형 준비
>
>x <-array(c(5,6,7,8,9,10), dim=c(2,3))
>x
        [,1] [,2] [,3]
[1,]       5    7    9
[2,]       6    8   10
>
>mean(x[2,])          # x의 2번째 행의 평균을 구한다
[1] 8
>apply(x, 1, sum)     # x의 행(=1)에 대한 합을 구한다
[1] 21 24
>rowSums(x)           # 위와 동일한 효과
[1] 21 24
>apply(x, 2, sum)     # x의 열(=2)에 대한 합을 구한다
[1] 11 15 19
>colSums(x)           # 위와 동일한 효과
[1] 11 15 19
>apply(x, 1, mean)    # x의 행에 대한 평균을 구한다 = rowMean(x)
[1] 7 8
>apply(x, 2, mean)    # x의 열에 대한 평균을 구한다 = colMean(x)
[1] 5.5 7.5 9.5
```

6 배열

R에서 배열이란 행렬을 다차원으로 확장한 것이다. 행렬은 2차원이지만 배열은 필요에 따라 3, 4 차원으로 확대할 수 있다.

● 배열을 생성

```
> x <-array(1:24, dim=c(2,4,3))     # 배열의 생성
> x                                  # 생성된 배열의 확인
, , 1

     [,1] [,2] [,3] [,4]
[1,]    1    3    5    7
[2,]    2    4    6    8

, , 2

     [,1] [,2] [,3] [,4]
[1,]    9   11   13   15
[2,]   10   12   14   16

, , 3

     [,1] [,2] [,3] [,4]
[1,]   17   19   21   23
[2,]   18   20   22   24

> x[1,,]                             # 3개 행렬의 1번 행의 값을 표시한다
     [,1] [,2] [,3]
[1,]    1    9   17
[2,]    3   11   19
[3,]    5   13   21
[4,]    7   15   23
> x[1,3,]                            # 3개 행렬의 1번 행의 값 중에서 3번째 행의 값을 표시
[1]  5 13 21
> x[2,4,3]                           # 생각해 보자 ! ! !
[1] 24
> mean(x[1,,])                       # 1번 행 값들의 평균
[1] 12
> mean(x[,2,])                       # 생각해 보자 ! !
[1] 11.5
> mean(x[1,2,])
[1] 11
>
```

■■ 요점 정리

1. R은 통계 분석이나 다양한 처리를 위하여 자료를 관리하는 기능을 제공한다.

2. R이 제공하는 자료형은 벡터(Vector), 행렬(Matrix), 데이터 프레임(Data Frame), 리스트(List)로 분류하여 볼 수 있다.

3. 벡터(Vector)는 1차원 배열과 같은 형태로 만들어진 자료이다.

4. 행렬(Matrix)은 2차원 배열과 같은 형태로 만들어진 자료이다. 여기에서 열이라는 의미는 데이터의 형태가 모두 동일하다는 뜻이다.

5. 데이터 프레임(Data Frame)은 행렬과 모양은 같은데, 다른 자료형(숫자, 문자)이 섞여서 구성되는 자료이다.

6. 리스트(List)는 키, 값의 형태로 데이터가 구성되는 자료이다.

7. R에서는 일반적으로 벡터와 행렬 형태의 자료형을 많이 사용하므로, 이 부분을 중점적으로 정리하여야 한다.

TIP

• 아래의 R 프로그램을 해석해 보자.

```
> x <- c(1, 2, 3, 4, 5, 6, 7, 8, 9)
> which(abs(x-5) == min(abs(x-5)))   # 5와 가장 가까운 수를 구하는 역할을 실행
```

위의 예를 수행해 보고, 왜 그런 결과가 나왔는지 살펴보자.

앞으로 R을 배우다 보면, 위와 같이 다른 사람이 만든 명령어들을 이해하고 이것을 수정하여 내가 필요한 기능을 수행하도록 만들어서, 활용해야 할 경우가 많이 발생하게 될 것이다.

06

데이터의 저장하기와 불러오기

R을 사용하다 보면, 자료를 저장했다가 나중에 다시 사용해야 하는 경우가 많다. 이런 경우에는 사용중인 데이터를 파일에 저장했다가 필요한 시점에 불러오면 된다. R에서 데이터를 저장하고 불러오는 방법은 수십 가지가 있다. 하지만 일반적으로 많이 쓰이는 방법은 아래의 3가지이다.

- R에서 사용중인 데이터의 저장 및 불러오기
- R에서 엑셀 형태의 데이터 저장 및 불러오기
- R에서 일반 텍스트 형태의 데이터 저장 및 불러오기

1 R에서 사용중인 데이터의 저장 및 불러오기

```
> # R에서 분석을 위해 사용 중인 데이터를 저장하고, 불러온 것에 대하여 실습한다
>
> setwd("c:/temp")    # 작업할 디렉터리의 설정
> ls()                # 현재 시스템에 선언되어 있는 변수의 리스트를 보여준다
 [1] "chars"     "fruit"     "i"         "labels"    "mat1"      "mat11"     "mat2"
"mat22"
 [9] "mat33"     "member"    "name"      "no"        "pr"        "prices"    "qty"
"result"
[17] "tableBox"  "vec1"      "vec2"      "vec3"      "vp"        "x"         "x1"
"x1a"
[25] "x1b"       "x2"        "x2a"       "x2b"       "x3"        "x3a"       "x3b"
"y"
[33] "y1"        "y1a"       "y1b"       "y2"        "y2a"       "y2b"       "y3"
"y3a"
[41] "y3b"
```

```
> rm(list=ls())        # 현재 시스템에 선언되어 있는 변수를 모두 지운다
> ls()                 # 모든 변수가 지워졌음을 확인한다
character(0)
>
> # 벡터(Vector) 형식의 데이터를 선언한다.
>
> no <- c(1,2,3,4)
> name <- c("Apple", "Banana", "Peach", "Berry")
> prices <- c(500, 200, 200,50)
> qty <- c(5,2,7,9)
>
> # 벡터 형식의 데이터를 모아서 데이터 프레임 형식의 데이터를 구성한다
> fruit <-data.frame(No=no, Name=name, PRICE=prices, QTY=qty)
> fruit                 # fruit 형식의 데이터 모습을 확인한다
  No   Name PRICE QTY
1  1  Apple   500   5
2  2 Banana   200   2
3  3  Peach   200   7
4  4  Berry    50   9
>
> # 데이터를 저장하고 꺼내는 과정 수행
> ls()                         # 현재 시스템에 선언되어 있는 변수의 리스트를 보여준다
[1] "fruit"  "name"   "no"      "prices" "qty"

> save(no, name, fruit, file="test.data") # no,name,fruit을 test.data 파일에 저장

> rm(fruit, no, name)   # 선언된 변수를 삭제
> ls()                         # no,name,fruit 변수가 지워졌음을 확인
[1] "prices" "qty"
>
> load("test.data")     # 변수를 읽어옴
> ls()                         # 변수가 읽어졌음을 확인
[1] "fruit"  "name"   "no"      "prices" "qty"

> no                    # 변수 확인
[1] 1 2 3 4
> name                  # 변수 확인
[1] "Apple"  "Banana" "Peach"  "Berry"
```

```
> fruit                        # 변수 확인
   No    Name PRICE QTY
1  1   Apple   500   5
2  2  Banana   200   2
3  3   Peach   200   7
4  4   Berry    50   9
>
```

② R에서 엑셀 형태의 데이터 저장 및 불러오기

Excel 등으로 데이터를 구성하는 경우, 이것을 R로 불러오는 과정을 설명한다. 이 과정의 설명을 위해 아래와 같은 작업을 미리 실행한다.

① Excel을 실행하여 아래와 같이 입력한 후 'a.csv'로 저장한다.

② Excel을 실행하여 'a.csv' 중 헤더 부분을 지우고 'b.csv'로 저장한다.

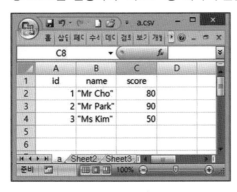
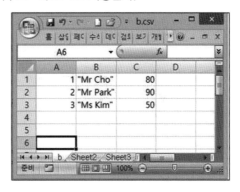

준비가 되었으면 아래의 과정을 실행해 보자.

```
> # 외부(예:Excel)에서 만들어진 데이터를 읽어오는 것을 실습한다
>
> setwd("c:/temp")      # 작업할 디렉터리의 설정
> ls()                  # 현재 시스템에 선언되어 있는 변수의 리스트를 보여준다
[1] "fruit" "name"   "no"     "prices" "qty"
> rm(list=ls())         # 현재 시스템에 선언되어 있는 변수를 모두 지운다
> ls()                  # 모든 변수가 지워졌음을 확인한다
character(0)
```

```
>
> # csv형(=콤마로 구분된 자료형) 데이터를 읽어온다
> x <- read.csv("a.csv")
> x                       # 읽은 데이터를 확인한다
  id       name score
1  1  "Mr Cho"    80
2  2 "Mr Park"    90
3  3  "Ms Kim"    50

> x[1,]                   # 읽은 데이터에서 첫 번째 행을 보여준다
  id       name score
1  1 "Mr Cho"     80
>
> str(x)                  # 읽은 데이터의 형식을 보여준다. name을 Factor에서 chr로 바꾼다
'data.frame' :   3 obs. of  3 variables:
 $ id    : int  1 2 3
 $ name : Factor w/ 3 levels "\"Mr Cho\"","\"Mr Park\"",.. : 1 2 3
 $ score : int  80 90 50
>
> x$name <- as.character(x$name)  # name을 chr 형으로 변환한다
> str(x)                # 변환한 것을 확인한다
'data.frame' :   3 obs. of  3 variables:
 $ id    : int  1 2 3
 $ name : chr  "\"Mr Cho\"" "\"Mr Park\"" "\"Ms Kim\""
 $ score : int  80 90 50
>
> # 만약, csv 파일에 헤더가 없는 경우가 있다면, 파일을 읽은 후에 헤더를 따로 넣는다
>
> (xx <-read.csv("b.csv")) # 헤더없는 csv 파일을 읽는다
  X1 X.Mr.Cho. X80
1  2 "Mr Park"  90
2  3  "Ms Kim"  50
> names(xx) <- c("id", "name", "score") # 헤더를 넣는다
> xx                      # 변환한 결과를 확인한다
  id       name score
1  2 "Mr Park"    90
2  3  "Ms Kim"    50
>
```

```
> # R에서 작업을 위하여 데이터를 만든다
>
> no <- c(1,2,3,4)
> name <- c("Apple", "Banana", "Peach", "Berry")
> prices <- c(500, 200, 200,50)
> qty <- c(5,2,7,9)
>
> # 벡터 형식의 데이터를 모아서 데이터 프레임 형식의 데이터를 구성한다
> fruit <-data.frame(No=no, Name=name, PRICE=prices, QTY=qty)
> fruit                  # fruit 형식의 데이터 모습을 확인한다
  No   Name PRICE QTY
1  1  Apple   500   5
2  2 Banana   200   2
3  3  Peach   200   7
4  4  Berry    50   9
>
> # 데이터를 csv 형식으로 저장하고 꺼내는 과정을 수행한다
> ls()                   # 현재 시스템에 선언되어 있는 변수의 리스트를 보여준다
[1] "fruit"  "name"   "no"     "prices" "qty"    "x"      "xx"

> write.csv(fruit, file="fruit.csv")   # 데이터를 csv 형으로 저장한다
> rm(fruit)             # fruit 자료를 지운다
> ls()                  # fruit 변수가 지워졌음을 확인
[1] "name"   "no"     "prices" "qty"    "x"      "xx"
>
> fruit <- read.csv("fruit.csv") # 변수를 읽어옴
> ls()                  # 변수가 읽어졌음을 확인
[1] "fruit"  "name"   "no"     "prices" "qty"    "x"      "xx"
> fruit                 # 변수의 내용을 확인
  X No   Name PRICE QTY
1 1  1  Apple   500   5
2 2  2 Banana   200   2
3 3  3  Peach   200   7
4 4  4  Berry    50   9
>
```

앞의 예는 일반적으로 가장 많이 사용되는 csv 형태의 파일을 다루는 방법에 대한 것이다.

❸ R에서 일반 텍스트 형태의 데이터 저장 및 불러오기

이번에는 일반 텍스트로 되어 있는 데이터를 R로 읽어 들이는 경우이다.

일반 텍스트의 형태이고, 일반 편집기로 작성된 파일이며, 확장자는 txt인 경우이다.

데이터는 행렬 모양을 가지는 것으로 생각하여 예를 작성하였다.

[실습 데이터 파일]

아래의 예를 따라서 실습해 보자.

```
> # 이번에는 일반 편집기로 만들어진 txt 형태의 데이터를 R로 읽는 방법이다
> # 기본적으로 테스트 데이터는 testdata.txt의 이름으로 만들어져 있다
>
> setwd("c:/temp")    # 작업할 디렉터리 설정
> ls()                # 현재 시스템에 선언되어 있는 변수의 리스트를 보여준다
[1] "fruit"  "name"   "no"      "prices" "qty"     "x"       "xx"
> rm(list=ls())       # 현재 시스템에 선언되어 있는 변수를 모두 지운다
> ls()                # 모든 변수가 지워졌음을 확인한다
character(0)
>
> a <- scan("testdata.txt", what="")# 데이터를 읽어들인다
Read 12 items
> a                   # 데이터를 배열 형태로 읽은 것을 확인한다
  [1] "no"       "name"     "birthday" "11"       "cho"      "1963"      "22"
 "kim"
```

```
 [9] "1969"      "33"        "chol"      "1999"
> a[4]                    # 4번째 데이터를 화면에 보여준다
[1] "11"
> str(a)              # a의 자료들의 형을 보여준다
 chr [1:12] "no" "name" "birthday" "11" "cho" "1963" "22" "kim" "1969" "33" ...
>
> # 데이터를 배열 형태가 아닌 원래의 형태인 행렬(Matrix)모양으로 읽는 방법이다

> c <- read.table("testdata.txt", header=T) # 원 데이터의 타이틀을 살려서 읽는다
> c                    # 읽은 데이터의 모양을 보여준다
  no name birthday
1 11  cho     1963
2 22  kim     1969
3 33 chol     1999
>
```

[복습을 위한 실습과제]

```
> vec1 <-c(1,2,3)
> vec2 <-c(4,5,6)
> vec3 <-c(7,8,9)
>
> mat <-rbind(vec1, vec2, vec3)
> mat
     [,1] [,2] [,3]
vec1   1    2    3
vec2   4    5    6
vec3   7    8    9
>
> setwd("c:/temp")
> save(mat,file="testfile2.data")
>
> datafile <-load("testfile2.data")
> datafile
[1] "mat"
>
```

[보충] 문자열 및 정규식 처리하기

문자열이나 정규식은 R을 이용한 프로그래밍에서 많이 사용되는 부분이다. 기초적이지만, 중요한 부분에 대하여 공부해 보자.

R을 사용하다 보면, 통계 분석을 위하여 다른 사람이 만든 스크립트를 활용하는 경우가 매우 많다. 그런데, 다른 사람이 만든 것을 이해하기 위해서는 거의 대부분 문자열 및 정규식 처리에 대한 지식이 필요하다.

```
> # 정규식의 연습을 위하여 필요한 샘플 데이터를 만든다
> text <- c("Game", "GAME", "game", "gAME", "Tetris1", "game", "tetris5")
> text    # 데이터의 확인
[1] "Game"    "GAME"    "game"    "gAME"    "Tetris1" "game"    "tetris5"
>
> # 지금부터는 정규식을 이용하는 예를 제시한다
> grep("game", text)  # text에서 game을 찾아서 몇 번째에 있는지 보여준다
[1] 3 6
> grep("game", text, value=TRUE)  # text에서 game을 찾아서 내용을 보여준다
[1] "game" "game"
>
> # text에서 첫 문자가 g로 시작되는 것을 찾아서 내용을 보여준다
> grep("^g+", text, value=TRUE)[1] "game" "gAME" "game"
>
> # text에서 첫 문자가 G로 시작되는 것을 찾아서 내용을 보여준다
> grep("G+", text, value=TRUE)
[1] "Game" "GAME"
>
> # text에서 첫 문자가 ME로 끝나는 것을 찾아서 내용을 보여준다
> grep("ME$",text, value=TRUE)
[1] "GAME" "gAME"
>
> grep("[2-5]", text, value=TRUE)  # text에서 2,3,4,5를 포함한 것을 찾아서 내용을 보여준다
[1] "tetris5"
>
> grep("[[:digit:]]", text, value=TRUE) # text에서 숫자를 포함한 것을 찾아서 내용을 보여준다
[1] "Tetris1" "tetris5"
```

```
> grep("[[:upper:]]", text, value=TRUE) # text에서 대문자를 포함한 것을 찾아서 내용을 보여준다
[1] "Game"     "GAME"     "gAME"     "Tetris1"
>
> nchar(text) # 글자수를 보여준다
[1] 4 4 4 4 7 4 7
> x <- "abcd efgh"
> nchar(x)
[1] 9
> y <- "xyz"
>
> paste(x,y)  # x와 y를 합친다
[1] "abcd efgh xyz"
>
> substr(x, 6,8) # x에서 6~8번째의 글자를 보여준다
[1] "efg"
>
> strsplit(x, split="c") # x에서 c를 기준으로 분리한다
[[1]]
[1] "ab"       "d efgh"
>
```

앞의 예에서 사용한 것을 정규식 처리라고 하며, 좀 더 자세한 내용은 아래의 [표 1-2]에 정리한다.

[표 1-2] 정규식 정리

사용법	설명	사용법	설명
₩₩d	모든 숫자(아래 참조)	₩₩D	숫자가 아닌 것
₩₩s	공백(아래 참조)	₩₩S	공백이 아닌 것
₩₩w	단어	₩₩W	단어가 아닌 것
₩₩t	Tab	₩₩n	New Line
^	시작되는 글자(앞페이지)	$	마지막 글자(앞페이지)
*	모든 문자	[0-9]	모든 숫자
[ab]	a 또는 b	[^ab]	ab를 제외한 모든 문자

→

사용법	설명	사용법	설명
[A–Z]	영어 대문자	[a–z]	영어 소문자
i+	i가 1회 이상	i*	i가 0회 이상
i?	i가 0 또는 1회	i{n1, n2}	i가 n1에서 n2회 출현
i{n}	i가 연속적으로 n회 출현	i{n,}	i가 n회 이상 출현
[:alnum:]	문자와 숫자가 나옴	[:alpha:]	문자가 나옴
[:blank:]	공백이 나옴	[:cntrl:]	제어문자가 나옴
[:upper:]	대문자가 나옴	[:lower:]	소문자가 나옴

[이해를 위한 사례]

위의 내용을 공부했다면, 아래의 수행 결과를 살펴보고, 왜 이런 결과가 나왔는지 생각해 보자.

```
> grep(" \ \d", c("Game","GAME","game","gAME","Tetris1","game","tetris5"),
value=TRUE)
[1] "Tetris1" "tetris5"


> x
[1] "abcd efgh"
> strsplit(x, split=" \ \s")
[[1]]
[1] "abcd" "efgh"
```

🔹 요점 정리

1. R에서 자료를 저장하는 방법은 너무 다양하여 배우는 사람의 입장에서는 혼돈되기 쉽다.

2. 이번 장에서는 R에서 데이터를 저장하고 활용하는 경우를 아래의 3가지 경우로 나누어서 정리하였다.

   ① R을 사용하면서 만든 변수나 데이터를 저장하고 불러오는 방법
   ② Excel을 통하여 만든 데이터를 csv 형태로 저장한 후에, 이것을 R과 연계하여 데이터를 저장하고 불러오는 방법
   ③ 일반 편집기를 이용하여 데이터를 txt 형태로 제작한 후에, 이것을 R과 연계하여 데이터를 저장하고 불러오는 방법

3. 이외에도 R의 자료를 Excel 파일의 형태로 바꾸어서 저장하고 불러오거나, 그 외 다양한 경우가 존재할 수 있다. 하지만 대부분의 경우에는 이 책에서 언급한 기능을 활용하면 충분하다.

4. 데이터의 저장과 관리를 위해서 별도의 패키지를(=WriteXLS) 설치하여 사용할 수 있다. 나중에 필요한 경우에 별도로 설치한 후에, 제공되는 매뉴얼을 이용하여 공부하면 된다.

잠깐! 알고 계신가요? **NoSQL은 무엇이며, 어떤 것이 있나요?**

[NoSQL(=Not Only SQL) : 빅데이터를 지원하는 데이터베이스 기술]

- Hadoop : KVS 프레임워크 MapReduce + 분산파일 시스템인 HDFS + Hbase DB로 구성, 아마존/IBM/EMC가 사용 중
- Dynamo : 아마존이 개발한 KVS
- Casandra : 페이스북이 개발한 KVS, Dynamo와 Hbase의 장점을 위한 형태
- MongoDB : 10gen이 개발한 문서지향 DB, 독특한 구성에 마니아층이 많은 시스템
- VoltDB : PostgreSQL을 개발했던 개발자가 개발한 RDBMS로서 온 메모리 RDBMS이다 .
- Voldemort : LinkedIn 개발자가 개발한 KVS, 아파치 프로젝트로 진행 중이다.

Chapter

2

R 프로그래밍

R 프로그래밍은 오늘날의 R을 만든 일등 공신이라고 할 수 있다. 주어진 작업을 반복해서 수행할 수 있도록 하고, 여러 단위 기능을 연결하여 하나의 큰 목표를 수행할 수 있도록 해준다. 실제로 R에서 제공하는 많은 기능들이 R 프로그래밍을 이용하여 구현되었다. 재미있고, 유용하며, 흥미로운 주제이다.

01 개요
02 함수
03 조건문
04 반복문
05 연산자와 인덱스
06 추가적인 기능들

01

개요

R을 공부하면서, 기본적인 명령어가 익숙해지고 나면 다음 단계는 어떤 목적에 맞는 분석을 위해 여러 명령어를 반복해서 수행시키는 것이다(일반적으로 통계 분석을 수행하는 과정은 반복적으로 여러 번 수행하게 된다). 이것을 위해 R에서 반복 수행을 지원하는 배치 모드가 제공하는데, 이것이 이번 장에서 설명할 부분이다.

반복 수행을 지원하는 배치 모드(=프로그래밍)를 활용하는데 필요한 기능을 요약하면 아래와 같다.

[프로그램의 제작을 위해 필요한 기능]
- 특정 모듈을 선언하는 함수 기능
- 조건문과 반복, 순환 기능
- 연산자와 인덱스
- 변수 설정 및 결과 보기/저장 기능
- 특정 명령어를 순차적으로 수행하는 기능
- 사용자의 입력 받기 및 난수 생성을 포함한 다양한 함수

우리는 앞 장에서 R이 변수를 선언하고, 결과를 파일로 저장할 수 있다는 것을 이미 배웠다. 그리고, R은 상호 대화형으로도 사용할 수 있지만, 특정 명령어를 순차적으로 실행하는 배치 모드로 사용할 수도 있음을 실습해 보았다.

그러면, **R로 프로그램을 작성하기 위해 필요한 추가적인 지식은 함수 기능과 조건문, 반복문, 순환 기능만이 남게 된다.** 물론, 복잡한 프로그램을 위해서는 문자열 처리나 정규식을 이용한 컨트롤이 필요한 경우도 있다. 이 부분은 이미 앞에서 기본적인 내용을 정리하였다.

결론적으로, 이번 장에서 제공하는 내용은 다른 사람이 작성한 프로그램을 읽어서 응용하는 것을 목적으로 하고 있고, R의 실무에서 많이 사용되는 부분이다.

이 장의 학습 내용

함수

R에서 단위 기능을 수행하는 명령어를 묶어서 재활용하는 방법을 설명

조건문/ 반복문

R을 사용해서 특정 조건에 맞는 경우 수행해야 할 명령어를 지정하고, 동일한 기능을 여러 번 반복해서 수행하는 방법을 설명

연산자와 인덱스

프로그램을 진행하기 위해 변수간의 연산이나 저장/검색을 수행하는 기능

추가적인 기능들

프로그램의 제작에 사용된 함수의 저장 및 활용, 변수 생성 기법, 사용자의 입력 받기 기능

이번 장의 내용을 잘 익히게 되면, 본인이 하는 작업을 반복적으로 수행할 수 있도록 프로그램 하는 것도 당연히 가능하고, 추가적으로 다른 사람에 의해 제작된 다양한 샘플 프로그램을 이해하는 것에도 문제가 없을 것이다.

잠깐! 알고 계신가요?	빅데이터를 처리하기 위한 기술은 무엇이 있나요?

- 병렬처리와 클라우드에 기반하는 막강한 컴퓨팅 파워
- 최근의 대세인 하둡(Hadoop) 기반의 분산처리 환경
- R 중심의 오픈 소스 통계 분석 언어의 보급
- RDBMS 성능 향상에 따른 데이터의 빠른 처리
- 구조방정식 등을 포함한 데이터 마이닝 기술의 보편화

02

함수

R을 사용하다 보면 특정 기능을 반복해서 사용하는 경우에 이것을 함수로 선언하고 내가 필요할 때 불러 사용할 수 있는 기능을 함수라고 한다.

함수는 지정된 형태의 모습을 가져야 하며, 다양한 형태가 존재한다. 이것에 대하여 아래의 실습을 통하여 정확한 사용법을 살펴본다.

● 함수의 사용 문법과 종류, 사용법을 살펴본다.

```
> # R에서 프로그램 기능을 사용하려면
> # 함수기능과 순환 기능 그리고 이것을 순차적으로 수행할 수 있어야 한다
>
> # 함수의 정의 및 활용
>
> # [1단계] 인수가 없는 함수의 선언
> minho <- function() {
+ x <-10
+ y <-20
+ return(x*y)      # 돌려주는 값의 선언
+ }
>
> # [2단계] 인수가 있는 함수의 선언
> minho2 <-function(x,y) {
+ xx <-x
+ yy <-y
+ return(sum(xx, yy)) # 시스템이 정의한 특정 함수를 이용한 결과를 돌려줌
+ }
>
```

```
> # [3단계] 함수에서 함수를 부르는 경우
> minho3 <-function(x,y) {
+ x3 <-x+1
+ y3 <-y+1
+
+ x4 <- minho2(x3, y3) # 함수에서 함수를 부르는 경우
+ return(x4)            # 특정값의 반환
+ }
>
> minho()          # minho 함수의 수행
[1] 200
>
> minho2(10, 20) # minho2 함수의 수행
[1] 30
>
> minho3(9, 19)  # minho3 함수의 수행
[1] 30
>
> # [4단계] 함수의 계산 결과를 화면에 보이지 않고 변수에 대입하는 경우
> minho4 <-function() {
+ x <-10
+ y <-10
+ return(invisible(x*y))
+ }
>
> minho4()                 # minho4 함수의 수행. 그러나 결과는 화면에 보이지 않는다
>
> result <- minho4()     # minho4 함수의 수행결과가 result 변수에 할당된다
> result                 # 결과 값의 확인
[1] 100
>
> # [5단계] 함수에서 함수 외부의 변수를 조작해야 하는 경우
>
> x <- 70          # 시스템 변수 x에 70을 할당
> ls()             # 변수 x의 존재 확인
 [1] "i"         "labels"    "minho"     "minho2"    "minho3"    "minho4"
 [7] "minho5"    "pr"        "result"    "tableBox"  "vp"        "x"
[13] "x1"        "x1a"       "x1b"       "x2"        "x2a"       "x2b"
```

```
[19] "x3"        "x3a"       "x3b"       "y"        "y1"        "y1a"
[25] "y1b"       "y2"        "y2a"       "y2b"      "y3"        "y3a"
[31] "y3b"
>
> minho5 <- function() {
+ x <-10     # 함수내에서 사용하는 변수 x에 10을 할당
+ y <-20     # 함수내에서 사용하는 변수 y에 20을 할당
+
+ x<<-40     # 시스템에서 사용하는 변수 x에 40을 할당
+ return(x+y)
+ }
>
> minho5()         # 함수의 수행
[1] 30
>
> x               # 시스템에서 사용하는 변수의 값이 바뀌었음을 확인
[1] 40
>
```

⬛ 요점 정리

1. R에서 프로그램을 작성할 때, 가장 중요한 기능이 함수 기능이다.

2. 함수는 세 가지의 경우로 나누어서 작성될 수 있다.

   - 함수 자체만 수행되는 경우
   - 함수에 특정 값을 넘겨주고, 받는 경우
   - 함수에서 다른 함수를 불러서 사용하는 경우

3. 함수를 정리하면서, 조금은 실무에 가까운 함수 활용 예를 제시하고자 한다. 아래의 예를 보면서 R에서 함수를 다양하게 선언할 수 있고, 객체 지향 프로그램 형태의 모습을 가지고 활용할 수 있도록 만들 수 있다는 것을 확인했으면 한다.

```
> # 배치파일에 만들어진 함수 정의를 실행한 모습이다.
> makeVector<- function(x=numberic()) {
+ m <- NULL
+ set <- function(y) {
+ x <<- y
+ m <<- NULL
+ }
+ get <-function() x    # x의 값을 반환
+ setmean <-function(mean)   m <<- mean     #mean값을 m에 넣는다
+ getmean <-function() m   # m의 값을 반환한다
+
+ list(set=set, get=get, setmean=setmean, getmean=getmean)   # 함수를 결과
+ #로 저장
+ }
>
> # 배치파일에 만들어진 함수 정의를 실행한 모습이다.
> cachemean <- function(x,...) {
+ m <-x$getmean()   # x의 getmean() 함수 수행
+ if(!is.null(m)) {
+ message("getting cached data")
+ return(m)
+ }
+ data <- x$get()   # x의 get() 함수 수행
```

```
+ m <-mean(data,...)  # 평균의 계산
+ x$setmean(m)        # x의 setmean() 함수 수행
+ m
+ }
>
>
> # 앞에서 2개의 함수 선언과 실행이 완료되었다. 이제는 실행한 함수를 이용해보자
>cho<-makeVector(c(3,4,5))    #
>cho  # cho의 모습을 확인한다. set(), get(), setmean(), getmean() 함수를 사용
$set
function (y)
{
    x <<- y
    m <<- NULL
}
<environment : 0x08a6b9b0>

$get
function ()
x
<environment : 0x08a6b9b0>

$setmean
function (mean)
m <<- mean
<environment : 0x08a6b9b0>

$getmean
function ()
m
<environment : 0x08a6b9b0>
>
> # makeVector로 생성된 x를 본격적으로 사용해 보자
> cho$set(8)    # x의 값을 8로 설정한다
> cho$get()     # 설정된 x의 값을 읽어온다
```

```
[1] 8
> cho$setmean(5)
> cho$getmean()
[1] 5
>
> # cachemean 함수를 사용해 보자
> # cachemean은 주어진 변수에 저장된 평균값을 읽어오는 함수이다
>
> cachemean(cho)
getting cached data
[1] 5
>
```

잠깐! 알고 계신가요?　　**데이터 분석 개념의 변천사**

데이터의 분석을 수행할 때, 이것의 목적이 무엇이냐에 따라 기술과 대상, 방법이 달라지게 된다.

- 제 1기 : 제공된 데이터에 따른 분석
  - **예** 가입한 고객의 정보(성별, 수입, 나이, 근무처)에 근거한 분석

- 제 2기 : 발생하는 데이터에 따른 분석
  - **예** 카드를 이용한 고객의 구매 패턴을 통한 행동 분석, 웹사이트의 구매 패턴을 통한 행동 분석과 제품 추천

- 제 3기 : 다양한(=소셜 사이트, 매체 사이트, 점포정보..) 데이터에 의한 예측
  - **예** 인터넷 정보, 모바일 정보 그 외 관련 정보를 기반으로 한 고객의 행동 예측 및 분석

03

조건문

일련의 작업을 수행하다 보면, 특정 조건에 따라서 수행되는 작업의 내용이 다른 경우가 많다. 이런 경우에 사용할 수 있는 것이 조건문 기능이다. 프로그래밍을 수행하는 핵심 기능 중의 하나 이므로 반드시 살펴본다.

● 프로그래밍 중에서 조건문 부분의 문법과 사례를 살펴본다.

```
> # [조건문 기능 요약]

> # if (조건) 명령문              --> 조건에 맞으면 명령문 수행
> # if (조건) 명령문  else 명령문 2   --> 조건에 맞으면 명령문 수행, 맞지 않으면 명령문2 수행
> # ifelse(조건, 명령문1, 명령문2)     --> 위와 동일
> # switch(기준, 조건1, 명령문1, 조건2, 명령문2, ....)
> #   --> 기준을 정하고 조건1이 발생하면 명령문1 수행, 조건2가 발생하면 명령문2 수행
>
> # 테스트를 위한 준비
> x <-runif(1)        # 0과 1 사이의 난수를 생성해서 x에 할당
> x
[1] 0.1930316
>
> # [if문의 사용 예 1]
> if(x>0) print(abs(x))     # x가 0 보다 크면 절대값을 화면에 출력
[1] 0.1930316
>
> if(x<0.5) print(1-x) else print(x)   # x가 0.5보다 작으면 1-x를 출력한다. 아니면 x를 출력
```

```
[1] 0.8069684
>
> ifelse(x<0.5, 1-x, x)   # 위와 동일
[1] 0.8069684
>
> # [if문의 사용 예 2]
> xx <-(x-0.5)      # 변수에 값을 설정한다
>
> if( xx <0) {
+   print(xx)
+   print("x is negative")
+   print(abs(x))
+ } else {
+   print(xx)
+   print("x is positive")
+   print(x)
+   }
[1] -0.3069684
[1] "x is negative"
[1] 0.1930316
>
> # [switch문의 사용 예]
> xxx <- c(1:10)      # 변수의 값을 설정한다
>
> switch(xxx[2],
+   "1"=print("one"),
+   "2"=print("two"),
+   "3"=print("three"),
+   print("NOT")
+   )
[1] "two"
>
```

04

반복문

반복문은 프로그래밍 기능의 핵심이라고 할 수 있다. 실제로 R의 프로그래밍 기능을 활용해서 다양한 분석을 수행하는 경우에 반드시 사용하게 되는 기능이다. R에서 제공하는 기능 for, while, repeat로 간단하지만 매우 유용하다. 간단한 예를 통하여 문법과 사용법을 살펴본다.

● 반복문을 수행하기 위한 for, while, repeat의 문법을 연습한다.

```
> # 반복기능 요약

> # [반복 기능의 종류와 문법]
> # for (반복) 명령문
> # while (조건)  명령문
> # repeat 명령문
>
> # [for문의 사용 예 1]
> sum1 <- 0                              # 변수를 설정
>
> for(i in seq(1,10, by=1)) sum1 <-sum1+i # 1에서 10을 1단위로 차례로 넣고, 합을 구한다
> sum1                                   # 결과 확인
[1] 55
>
> # [for문의 사용 예 2]
> sum1 <-0                               # 변수를 설정
>
> for(i in 1:5) {                        # 1*1, 1*2.... 5*5의 합을 구한다
+    for(j in 1:5)
+        sum1 <-sum1+i*j
```

```
+ }
>
> sum1                                    # 결과 확인
[1] 225
>
> # [while문의 사용 예 1]
> sum2 <- 0
> i <-1
>
> while(i <=10) {                         # 1,2,3... 10을 차례대로 넣고 더한다
+    sum2 <-sum2+i;
+    i <-i+1
+ }
>
> sum2                                    # 결과 확인
[1] 55
>
> # [while문의 사용 예 2]
> sum2 <-0
> i <- 0
>
> while(i<=5) {                           # 1*1, 1*2.... 5*5의 합을 구한다
+    j<-0
+    while(j <=5) {
+       sum2 <-sum2+i*j
+       j <- j+1
+    }
+    i<-i+1
+ }
>
> sum2                                    # 결과 확인
[1] 225
>
> # [repeat문의 사용 예 1]
> sum3 <-0
> i <-1
>
> repeat{
```

```
+    sum3 <- sum3 + i
+    i <- i+1
+    if(i>10) break
+ }
>
> sum3
[1] 55
>
> i
[1] 11
>
> # [repeat문의 사용 예 2]
> sum3 <- 0
> i <- 0
>
> repeat {                                              # 1*1, 1*2.... 5*5의 합을 구한다
+    if(i>5) break
+    j<-0
+    repeat {
+       if(j>5) break
+       sum3 <-sum3+i*j
+       j<-j+1
+    }
+    i<-i+1
+ }
>
> sum3
[1] 225
>
```

05

연산자와 인덱스

연산자와 인덱스는 실제로 많이 사용되기도 하지만, 다른 사람이 만든 프로그램을 읽으려고 할 때 초보자들이 어려워하는 부분이므로 별도로 정리하여 보았다. 이 부분에서 정리한 연산자와 인덱스의 모양과 의미를 이해해야만 다른 사람이 작성한 프로그램을 이해할 수 있고, 그것을 바탕으로 나의 목적에 맞는 프로그램을 개발할 수 있다. 당연히 중요하므로 한번은 살펴본다.

● R 프로그래밍의 예에서 이미 사용했지만, 반복과 순환 및 프로그램을 위해 다양한 형태의 연산자가 사용된다([표 2-1] 참고).

[표 2-1] 연산자

연산자	기능	연산자	기능
−	뺄셈	+	덧셈
!	부정	~	=
?	도움말	:	공차 1의 등차수열
*	곱셈	/	나눗셈
^	거듭제곱	%%	나머지
%/%	정수나눗셈	%*%	행렬곱
%0%	외적	%x%	크로네커곱
==	같다	!=	같지않다
>=	크거나 같다(이상)	>	크다
<=	작거나 같다(이하)	<	작다(미만)

연산자	기능	연산자	기능
&, &&	그리고	|, ||	또는
<-	대입	<<-	연속 대입

● R 프로그래밍에서 많이 사용하는 인덱스를 정리한다([표 2-2] 참고).

[표 2-2] 인덱스

기호	기능
x[i]	i번째 요소에 접근한다.
x[(i)]	i번째 리스트의 요소에 접근한다.
x$a	x에서 a를 추출한다.
x[i, j]	i행 j열의 요소에 접근한다.
x$" a"	x에서 a를 추출한다.

잠깐! 알고 계신가요? **데이터 분석 소프트웨어의 종류는?**

실무에서 데이터의 분석을 위해 사용하는 소프트웨어는 많은 종류가 있다. 예로써, SPSS, SAS 등이 대표적인 제품이라 할 수 있다.

〈 데이터 분석 소프트웨어의 분류 〉

■ 통계 분석 계열 : 통계 분석 기능을 기반으로 구성된 제품을 말한다.
  예 R, SPSS, SAS, Stata, S-PLUS
■ 오피스 계열 : 사무용 기능을 기반으로 데이터 분석 기능이 포함된 경우를 말한다.
  예 Excel
■ BI(Business Intelligence) 계열 : 비즈니스 분석을 목적으로 유용한 정보나 데이터를 얻거나 조작하기 위한 기술이나 도구의 모임(출처 : 위키피디아 2014)
  예 Oracle Business Objects, IBM Cognos, SAS Enterprise Miner, TIBCO Spotfire

06

추가적인 기능들

프로그램을 작성하다 보면 앞에서 설명한 부분들을 주로 사용하게 되겠지만, 특수한 경우에 필요한 기능들이 몇 가지 있다. 이러한 부분들을 모아서 한곳에 정리하였다.

● 프로그램을 작성하다 보면 특정 함수를 저장했다가 필요할 때 불러들이는 경우

```
> # 프로그램을 제작하다 보면 특정 기능을 함수로 만들어서 파일로 저장한 후에
> # 다른 프로그램의 실행 중에 읽어 들여서 사용해야 하는 경우가 있다
>
> # 실습을 위하여 저장할 함수를 선언한다
> myF <- function(x){
+ return(x*x)
+ }
>
> myF(2)                        # 함수를 사용해 본다
[1] 4
>
> setwd("c:/temp")             # 작업할 디렉터리 설정
> save(myF, file="myF.Rdata")  # 함수를 저장
>
> rm("myF")                    # 함수를 메모리에서 지운다
> myF(2)                       # 함수가 메모리에 없으므로 당연히 에러가 난다
에러:함수 "myF"를 찾을 수 없습니다
>
> load("myF.Rdata")            # 파일에 있는 함수를 읽어서 사용할 수 있게 한다
> myF(2)                       # 함수가 수행된다
[1] 4
```

```
>
> # 1개의 파일에 여러 개의 함수를 저장하는 방법에 대하여 실습한다
>
> rm("myF")
>
> myF <- function(x) { return (x*x) }     # 함수 선언
> myF2 <-function(x){ return(x) }          # 함수 선언
>
> save(myF,myF2,file="myFF.Rdata")         # 2개의 함수를 하나의 파일에 저장
>
> rm("myF", "myF2")                        # 선언된 함수를 지운다
> ls()                                     # 함수가 지워진 것을 확인
 [1] "i"          "labels"    "pr"        "result"    "tableBox"  "vp"
 [7] "x"          "x1"        "x1a"       "x1b"       "x2"        "x2a"
[13] "x2b"        "x3"        "x3a"       "x3b"       "y"         "y1"
[19] "y1a"        "y1b"       "y2"        "y2a"       "y2b"       "y3"
[25] "y3a"        "y3b"
>
> load("myFF.Rdata")                       # 함수를 사용할 수 있게 한다
> ls()                                     # 함수가 시스템에 올라온 것을 확인
 [1] "i"          "labels"    "myF"       "myF2"      "pr"        "result"
 [7] "tableBox"   "vp"        "x"         "x1"        "x1a"       "x1b"
[13] "x2"         "x2a"       "x2b"       "x3"        "x3a"       "x3b"
[19] "y"          "y1"        "y1a"       "y1b"       "y2"        "y2a"
[25] "y2b"        "y3"        "y3a"       "y3b"
>
```

● 프로그램에서 특정 변수를 연속적으로 생성하는 경우

```
> # 프로그램을 제작하다 보면 연속적인 변수를 생성해야 하는 경우가 있다.
> # 이런 경우에는 다음과 같이 한다
> for(i in 1:10) {
+ assign(paste("x", i, sep=""),i)          # xi에 i의 값을 대입
+ }
>
> x1                                        # x1의 값을 확인
[1] 1
> x2
```

```
[1] 2
> x3
[1] 3
>
```

● 프로그램 실행 중에 사용자의 입력을 받아야 하는 경우

```
> # 프로그램을 제작하다 보면 사용자의 입력이 있을 때까지 실행을 멈출 필요가 있다.
> # 이런 경우에는 다음과 같이 한다
> fun <- function() {
+ answer <- readline("데이터를 입력하세요 : ")    # 입력을 기다린다
+ if(substr(answer,1,1)=="n")                    # 사용자 입력의 맨 앞자리가 n과 같다면
+ cat("입력된 글자는 N 입니다 !\n")
+ else
+     cat("입력된 글자는 Y 입니다  ! \n")
+ }
>
> fun()
데이터를 입력하세요 : n
입력된 글자는 N 입니다 !
>
>
> # 프로그램의 실행 중에 멈추어서 사용자가 스페이스로 구분된 여러 개의 입력을
> # 받고자 하는 경우에는 다음과 같이 한다
> fun2 <-function() {
+ x<-readline("데이터를 입력하세요 :")
+ unlist(strsplit(x, " "))            # 데이터를 스페이스로 분리하여 인식
+ }
>
> y <-fun2()
데이터를 입력하세요 :q abc def g hi
> y                                  # 입력된 값의 확인
[1] "q"   "abc" "def" "g"   "hi"
```

● 프로그램 실행 중에 간단한 메뉴를 보여주고 사용자의 입력을 받는 경우

```
> # 프로그램의 실행 중에 간단한 메뉴를 보여주고, 처리과정을 조정하는 경우가 필요하면 다음과 같이 한다
> fuMenu <- function(){
+ answer <- menu (c("SEOUL","BUSAN","DAEGU"))    # 공간을 띄우면 안됨. 메뉴를 보여줌
+ if(answer ==1)
+ {cat ("서울을 선택\n")}
+ else if (answer ==2)
+ {cat ("부산을 선택\n")}
+ else
+ {cat ("대구를 선택\n")}
+
+ }
>
> fuMenu()          # 함수를 수행하면 화면에 메뉴를 보여준다

1 : SEOUL
2 : BUSAN
3 : DAEGU

선택:1                # 사용자가 1을 입력함
서울을 선택
>
```

● 사용자의 입력으로 특정 데이터 집단을 사용하는 경우

```
> # 사용자의 입력으로 특정 데이터 집단을 사용하는 경우
> k <- c("a","b","c")          # k라는 데이터 집단을 생성
>
> p <-get(readline())          # p는 사용자의 입력으로 생성되는 변수로 선언
k                              # 사용자가 k를 입력
> p                            # p로 k의 값들이 입력됨을 확인
[1] "a" "b" "c"
>
```

[보충] 프로그램 작성 연습

[연습하기]

R로 작성된 프로그램은 두 가지 모드로 실행할 수 있다.

- 전체 실행하기([Edit]-[Run all]) : 사용자로부터 입력이 없는 경우에 사용
- 라인 별 수행하기([Edit]-[Run line or selection]) : 사용자로부터 입력이 있는 경우에 사용

```
# 기본적인 수행
print("This is a Sample Program")
(y <- c(20:30))

# 외부 함수를 불러와서 수행하기
source("testmodule.R")
y <- myfunc()
y

# 외부 함수를 불러와서 수행하기
source("testmodule2.R")
x <- myfunc2()
x
```

```
myfunc <- function()
{
    x <- readline("Input Data : ")
    unlist(strsplit(x, " "))
}
```

```
myfunc2 <- function()
{
    Answer <-menu(c("Orange", "Graph", "Pine"))

    if(Answer == 1) {
        cat("Your Input is Orange")
        x <- c(1:100)
    } else if (Answer==2) {
        cat("Your Input is Graph")
        x <- c(100:200)
    } else {
        cat("Your Input is Pine")
        x <- c(200:300)
    }

    return(x)
}
```

상단 왼쪽이 메인 프로그램이고, 나머지 2개는 불러지는 함수이다.

상단 왼쪽의 프로그램을 실행할 때는 각 줄 별로 선택한 후에, 마우스 오른쪽 버튼을 클릭하여 보여지는 팝업 메뉴에서 'Run line or selection'를 선택하면 된다.

[결과 화면]

```
R R Console                                            [ _ ][ □ ][ ⊠ ]
> print("This is a Sample Program")
[1] "This is a Sample Program"
> (y <- c(20:30))
 [1] 20 21 22 23 24 25 26 27 28 29 30
> source("testmodule.R")
> y <- myfunc()
Input Data : abc def gh i
> y
[1] "abc" "def" "gh" "i"
> source("testmodule2.R")
> x <- myfunc2()

1: Orange
2: Graph
3: Pine

Selection: 2
Your Input is Graph> x
  [1] 100 101 102 103 104 105 106 107 108 109 110 111 112 113 114 115 116 117
 [19] 118 119 120 121 122 123 124 125 126 127 128 129 130 131 132 133 134 135
 [37] 136 137 138 139 140 141 142 143 144 145 146 147 148 149 150 151 152 153
 [55] 154 155 156 157 158 159 160 161 162 163 164 165 166 167 168 169 170 171
 [73] 172 173 174 175 176 177 178 179 180 181 182 183 184 185 186 187 188 189
 [91] 190 191 192 193 194 195 196 197 198 199 200
> |
```

이 사례를 통해 R 프로그램은 약간의 제약이 있기는 하지만, 반복적인 작업의 실행을 지원하기에는 충분한 기능을 가지고 있다는 점을 확인할 수 있다.

[보충] 함수 활용의 예

R을 사용할 때, 필요한 기본적인 사용 방법에 대해 설명한다.

배치 모드에서 함수를 사용하는 예

하나의 배치 모드를 만들어서 실행할 때, 다른 함수를 불러서 사용할 경우가 발생한다. 이런 경우에는 다른 함수를 별도의 배치 파일로 만들어 놓고, 실행하는 배치 파일에서 Source 명령어를 불러 사용할 수 있다.

〈실행 사례〉

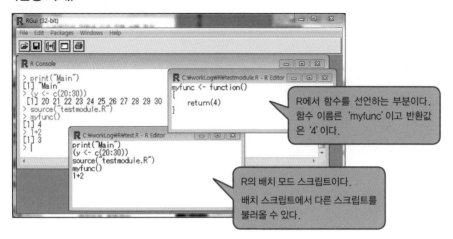

● 실행해야 하는 배치 파일 : test.R

● 실행 중, 불러야 할 함수의 파일 : testmodule.R

－〉 test.R 창을 선택한 후 R 콘솔창의 [Edit]−[Run all]을 선택하면, print("main")를 실행하고, (y〈−c(20:30))을 실행한 후에 source 명령에 의해, "testmodule.R" 파일에 있는 myfunc을 불러온 후 myfunc( ) 명령에 의해 불려진 함수가 실행되고, 결과를 확인한 후 '1+2' 명령이 실행된다.

실제 사용시에 배치 파일을 사용하여 실행하는 것은 반복적인 경우에 많이 사용된다. 이 책의 예들도 배치 파일로 만들어 실행된 것이 많다.

이때, 다른 배치 파일의 함수를 불러오는 기능은 필자가 작성한 배치 파일의 활용을 높이는데, 매우 중요하다.

■ 요점 정리

1. R을 기반으로 프로그램을 제작하는 것은 일반적인 Java, C 등을 이용한 프로그램과는 다르다. R 프로그램은 기본 기능을 하는 명령어와 명령어를 여러 개 묶어서 특정 작업을 수행하도록 일괄 수행시키는 것을 말한다.

2. R 프로그램은 대부분의 R 명령어를 구성하는 기능이다. 즉, 우리가 사용하는 대부분의 통계나 분석 프로그램은 R 명령어를 여러 개 묶어서 개발되어 있다.

3. R 프로그램을 제작하면서 아래의 기능은 자주 사용하지는 않지만, 간혹 필요한 기능이다.

   ■ 메뉴를 보여주고, 사용자가 선택하는 것
   ■ 실행 중간에 사용자의 입력을 받는 것
   ■ 특정 변수를 연속으로 생성하는 것
   ■ 파일로 저장된 함수를 불러 사용하는 것

4. R 프로그램을 제작하면 반드시 사용하는 기능이 반복과 조건 분기의 기능이다. if, for, while에 대한 사용 방법은 자주 사용하므로, 정확하게 익히도록 하자.

5. R 프로그램의 공부를 위해서는 다른 사람이 제작한 프로그램을 공부하는 것이 가장 좋은 방법이다. 혹시, 찾기가 어렵다면, R의 Help에서 제공하는 프로그램 사례를 참고해도 좋다.

Chapter

3

R 그래픽

오늘날의 R을 있게 한 일등공신은 그래픽이라고 할 수 있다. 특히, 다양한 패키지에서 제공하는 멋진 그래픽은 프로그래밍 기능과 더불어 R의 큰 자랑이라고 할 수 있다.

이번 장에서는 R 그래픽의 기본적인 사항을 공부하고, 이것을 바탕으로 가장 많이 사용되는 2개의 패키지를 골라서 간단한 사례를 제시하고자 한다.

01 개요
02 화면을 분할하는 방법
03 그래프 그리는 방법(산포도)
04 그래프 그리는 방법(막대 그래프)
05 그래프 그리는 방법(점 그래프)
06 그래프 그리는 방법(히스토그램)
07 그래프 그리는 방법(파이 그래프)
08 그래프 그리는 방법(상자모양 차트)
09 그래프에 필요한 추가적인 기능들
10 다양한 그래프 종류의 소개
11 3차원 그래프
12 그래픽용 패키지 사용

01

개요

그래픽은 R이 제공하는 가장 막강한 기능이며, R의 장점이기도 합니다. 하지만, R을 이용한 그래픽은 기능이 다양하고 복잡해서 배우는 것이 쉽지 않다. 그래서 이 책에서는 R의 그래픽 기능을 설명함에 있어 다음과 같은 순서로 설명하고자 한다.

이 장의 학습 내용

화면을 분할하는 방법
한 화면에 여러 개의 그래프를 그리는 방법에 대한 설명

그래프 그리는 방법
산포도, 막대, 점, 히스토그램, 파이, 상자모양 차트 그래프 등 가장 기본적이면서 많이 활용되는 그래프 작성 기법에 대한 설명

그래프에 추가적인 기능들
이미 작성된 그래프 위에 추가적으로 그래프를 그리거나 보완하는 방법에 대한 설명

다양한 그래프 종류의 소개
기본적으로 제공되면서 사용 빈도가 높은 다양한 그래프의 종류와 사용법에 대한 설명

3차원 그래프
3차원 그래프를 그리는 패키지의 소개와 사용법에 대한 설명

그래픽용 패키지 사용
R에서 사용할 수 있는 다양한 그래픽 패키지 중에서, 가장 많이 사용되는 'ggplot2', 'lattice' 에 사용법에 대한 설명

02

화면을 분할하는 방법

R로 그래프를 그릴 때, 가장 기본적인 것은 1개의 화면에 몇 개의 그래프를 어떻게 그릴지 결정해야 한다. 1개의 그래프만 그리는 경우도 많지만, 여러 개의 그래프를 1개의 화면에 그리는 경우도 많다.

아래의 그림을 보고 개념을 잡자.

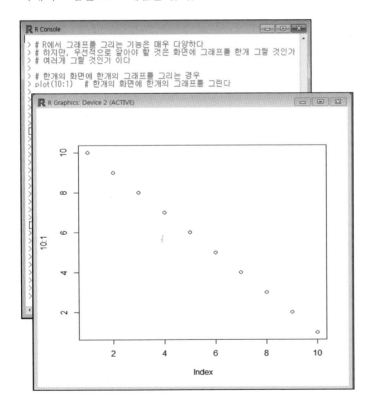

R에서는 기본적으로 그래프를 그리게 되면 별도의 창이 열리면서 그래프를 그리게 된다.

아래의 예는 그래프를 보여주는 화면을 분할해서 사용하는 방법에 대한 설명이다.

화면을 분할하는 방법은 여러 가지가 있지만, 일반적으로 사용하는 명령어는 'split.screen' 이다.

[split.screen 명령어 사용 예]

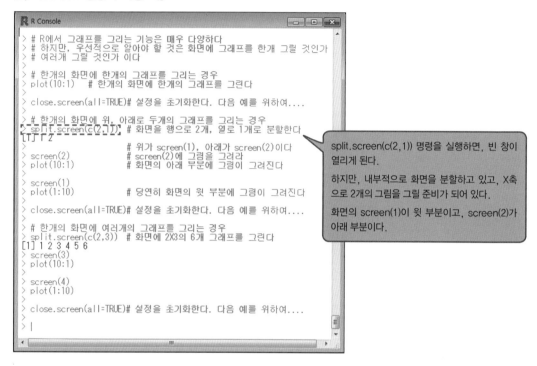

'split.screen' 명령어를 활용하여 그래프를 그리기 위한 빈 창을 열었고, 화면을 내부적으로 분할하였다면, 이제 할 일은 분할된 화면을 대상으로 그래프를 그리는 것이다.

이것을 위해 준비된 명령어가 'screen'이다.

[screen 명령어 사용 예]

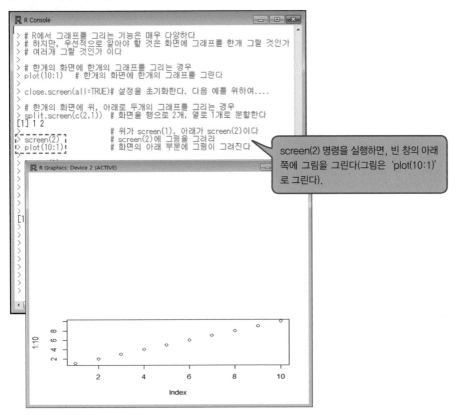

분할된 화면을 대상으로 1개의 창에서 여러 개의 그림을 그리는 경우에는 'screen' 명령어를 사용해서 작업을 진행한다.

[screen 명령어를 사용해서 한 창에 여러 개의 그림을 그리는 예]

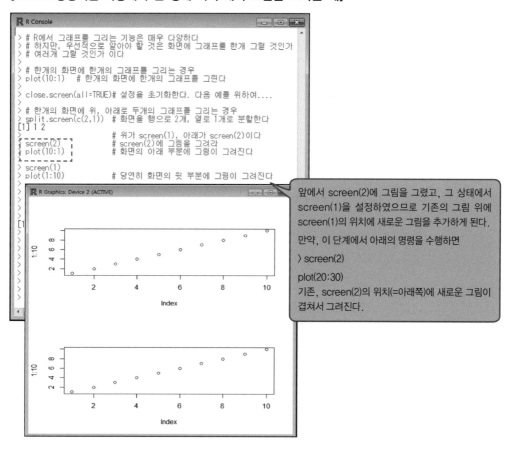

이번에는 'split.screen' 명령어를 좀 더 복잡하게 사용하는 경우에 대한 예를 제공한다. 이 사례는 1개의 창에 6개의 그림을 그릴 수 있도록 창을 분할하고, 그 중에서 2곳의 위치를 지정하여 그림을 그리는 예이다.

[복잡한 창 분할 기능의 활용 예]

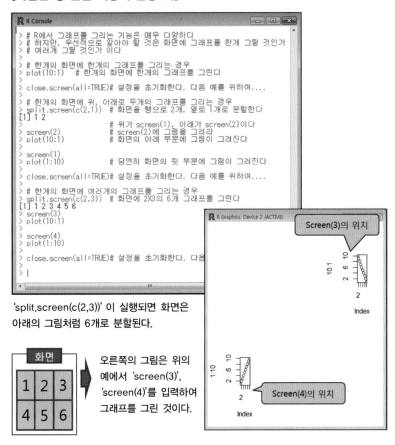

'split.screen(c(2,3))' 이 실행되면 화면은
아래의 그림처럼 6개로 분할된다.

오른쪽의 그림은 위의
예에서 'screen(3)',
'screen(4)'를 입력하여
그래프를 그린 것이다.

R에서 화면을 분할해서 그림을 여러 개 그리는 방법은 'split.screen' 명령어를 이용하는 것 외에
도 다른 방법이 있다. 이번에는 그 중에서 사용 빈도가 높은 방법을 간단한 예로 설명한다.

[그래프 분할을 위한 다른 예]

```
> #값의 설정
> abc <- c(260, 300, 250, 280, 310)
> def <- c(180, 200, 210, 190, 170)
> ghi <- c(210, 250, 260, 210, 270)

> #그래프 그리기
> m <- par(mfrow=c(1,3))
> plot(abc, type="o")
> plot(def, type="s")
> plot(ghi, type="b")
```

type은 그래프의 모양을 지정하기 위해
사용한다(다음 그림을 참고).

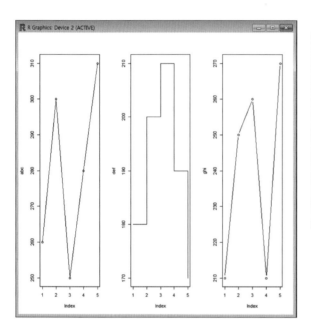

위의 예에서

'm <- par(mfrow=c(1,3))' 명령은 그래프를 위한 창을 연다.

'plot(abc, type="o")'는 열린 창에 첫 번째 위치 (화면의 좌측)에 그래프를 그린다.

'plot(def, type="s")'는 열린 창의 두 번째 위치 (첫 번째 옆)에 그래프를 그린다.

만약,

'm <- par(mfrow=c(2,3))'으로 입력하면, 6개의 그래프가 순서적으로 동일 창에서 그려지며, 순서 는 좌측 위가 1번이다.

03

그래프 그리는 방법(산포도)

R을 활용하여 산포도를 그려보자. 다른 형태의 그래프도 비슷한 방법으로 사용한다. 이 부분의 정확한 이해가 매우 중요하다.

[산포도를 그리는 예]

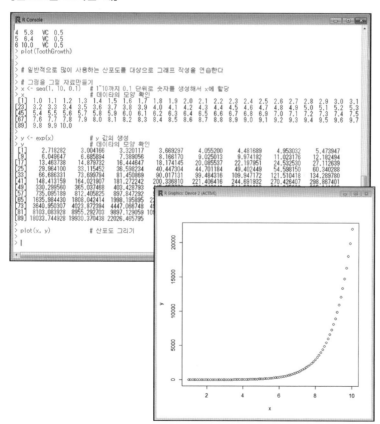

2개 이상의 항목으로 구성된 데이터를 대상으로 산포도를 그려보자.

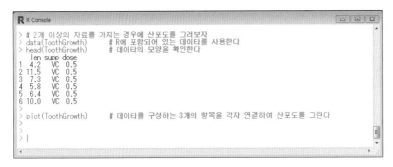

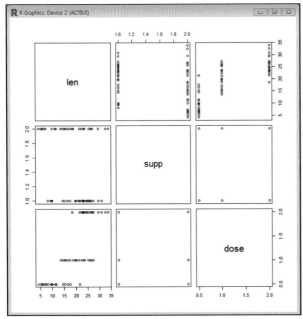

2개 이상의 항목을 가지는 데이터 중 2개의 항목을 선택하여 산포도를 그리는 예이다.

```
R R Console
> # 2개 이상의 항목으로 구성된 자료중에서 2개를 선정하여 산포도를 그려보자
> head(ToothGrowth)
   len supp dose
1  4.2   VC  0.5
2 11.5   VC  0.5
3  7.3   VC  0.5
4  5.8   VC  0.5
5  6.4   VC  0.5
6 10.0   VC  0.5
> plot(ToothGrowth$len, ToothGrowth$dose)
> |
```

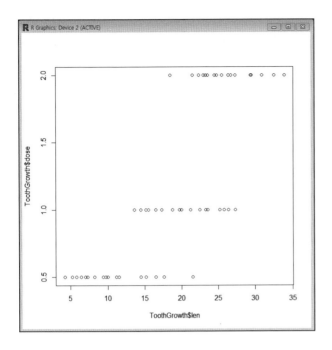

산포도에 관계된 다양한 옵션을 요약하면 다음과 같다.

[산포도에 관계된 옵션]

```
> #공통 옵션
> #main="Title"                    :제목 설정
> #sub="sub-Title"                 :부제목 설정
> #xlab="Minho", ylab="Chl"        :x,y축의 제목을 설정
> #ann=F                           :x,y축의 제목을 설정하지 않음
> #tmag=2                          :제목에 사용되는 문자의 확대율 지정
> #axes=F                          :x,y축을 표시하지 않음
> #axis                            :x,y축을 사용자의 지정값으로 표시
>
> #그래프 타입 지정
> #type        :점 모양 그래프 (기본값)
> #l           :선 모양
> #b           :점과 선 모양
> #c           :#b에서 점을 생략한 모양
> #o           :점과 선을 중첩한 모양
> #h           :각 점에서 x축까지의 수직선 그래프
```

```
> #s                  :왼쪽 값을 기초로 계단 모양으로 연결
> #S                  :오른쪽 값을 기초로 계단 모양으로 연결
> #n                  :축만 그리고 그래프는 그리지 않는다.
>
> #선의 모양 선택
> #ity=0, ity="blank"          :투명선
> #ity=1, ity="solid"          :실선
> #ity=2, ity="dashed"         :대시선
> #ity=3, ity="dotted"         :점선
> #ity=4, ity="dotdash"        :점선과 대시선
> #ity=5, ity="longdash"       :긴 대시선
> #ity=6, ity="twodash"        :2개의 대시선
>
> #색 기호등
> #col=1, col="blue"       :기호의 색 지정
> #1-검정, 2-빨강, 3-초록, 4-파랑, 5-연파랑, 6-보라, 7-노랑, 8-회색
> #pch=0. pch="문자"        :점의 모양 지정, 숫자마다 모양이 할당되어 있음
> #bg="blue"               :그래프의 배경색
> #lwd="숫자"              :선을 그릴 때 선의 굵기
> #cex="숫자"              :점이나 문자의 굵기
```

[산포도를 그리는 다른 명령어의 사용 예]

```
> #기능은 동일하지만, 쓰이는 시기는 다르다.

> #첫 번째 사용 예
> plot(x,y main="My First Graph", xlab="Drink Soje", ylab="Use Money")
> #두 번째 사용 예
> with(ToothGrowth, plot(ToothGrowth$len,ToothGrowth$dose, main="My First
+ Graph", xlab="Drink Soje", ylab="Use Money"))
```

아래의 그림을 보면 'With'는 데이터 파일과 그래프의 종류를 동시에 지정할 수 있는 경우에 사용한다.

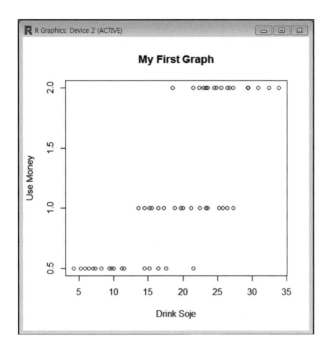

산포도 그래프를 그리는 경우, 단계별로 그려보자(실제로 간단한 경우가 아니라면, 아래의 단계에 따라 진행).

[1단계 : 데이터 설정]

```
> abc <- c(260, 300, 250, 280, 310)
> def <- c(180, 200, 210, 190, 170)
> ghi <- c(210, 250, 260, 210, 270)
```

[2단계 : 그래프만 그리기]

```
> plot(abc, type="o", col="red", ylim=c(0,400), axes=F, ann=F)
```

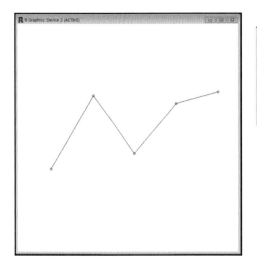

type=o   # 점과 선으로 구성된 그림
col=red   # 그래프 색이 빨강
ylim   # y축의 범위 지정
axes=F   # x, y축을 표시하지 않음
ann=F   # x, y축의 제목을 설정하지 않음

[3단계 : x, y축 그리기]

```
> axis(1, at=1:5, lab=c("A", "B", "C", "D", "E"))
> axis(2, ylim=c(0,400))
```

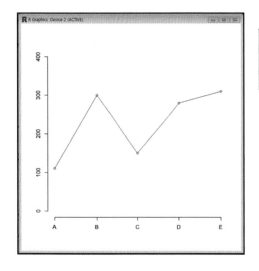

axis에서
1 : x축, at : 5칸으로, lab은 각 칸의 이름
2 : y축을 의미

[4단계 : 그래프 이름 부여]

```
> title(main="Fruit", col.main="red", font.main=4)
> title(xlab="Day", col.lab="black")
> title(ylab="Price", col.lab="blue")
```

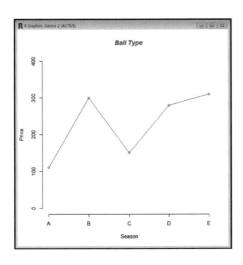

[5단계 : 그래프를 중첩해서 그리는 경우(선택사항)]

```
> lines(def, type="o", pch=21, col="green", lty=2)
> lines(ghi, type="o", pch=22, col="blue", lty=2)
> #pch는 0~25까지 번호마다 표시가 할당되어 있음. 22번은 사각형 모양임
```

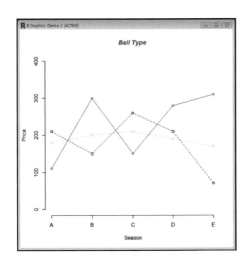

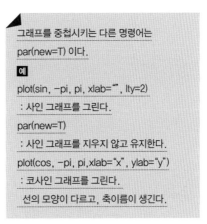

그래프를 중첩시키는 다른 명령어는
par(new=T) 이다.

예

plot(sin, -pi, pi, xlab="", lty=2)
 : 사인 그래프를 그린다.
par(new=T)
 : 사인 그래프를 지우지 않고 유지한다.
plot(cos, -pi, pi,xlab="x", ylab="y")
 : 코사인 그래프를 그린다.
 선의 모양이 다르고, 축이름이 생긴다.

[6단계 : 그래프에 범례 넣기(선택사항)]

```
> legend(4,400, c("BaseBall","SoccerBall","BeachBall"), cex=0.8,
+ col=c("red","green","blue"), pch=21, lty=1:3)
> #pch는 0~25까지 번호마다 표시가 할당되어 있음. 21번은 동그란 모양임
```

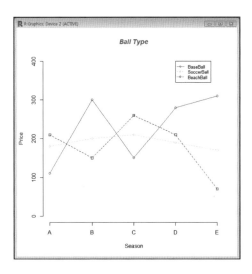

R을 활용하는 그래프 제작의 가장 기본적인 과정이 완료되었습니다(잘 기억한 후 응용하여 사용하기 바랍니다).

04

그래프 그리는 방법(막대 그래프)

R을 활용하여 막대 그래프를 그려보자. 아래의 예를 하나씩 수행해 보면 막대 그래프에 대한 개념을 세울 수 있다.

```
> # 막대 그래프를 그리기 위한 기본 데이터의 설정
> x <-c(1,2,3,4,5,6)
> x                        # 데이터의 모양 확인
 [1] 1 2 3 4 5 6
> barplot(x, names="매출")   # 가장 기본적인 막대 그래프의 생성
```

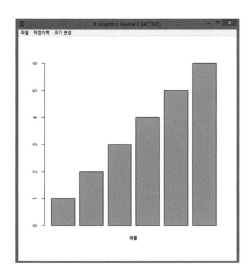

```
> # 복잡한 형태의 막대 그래프를 그리기 위한 데이터의 설정
> xx <-matrix(c(1,2,3,4,5,6), 3, 2)    # 1,2,3과 4,5,6 2개의 묶음으로 나눈다
```

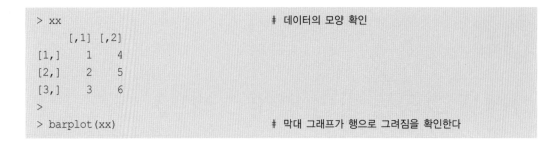

```
> xx                              # 데이터의 모양 확인
     [,1] [,2]
[1,]    1    4
[2,]    2    5
[3,]    3    6
>
> barplot(xx)                     # 막대 그래프가 행으로 그려짐을 확인한다
```

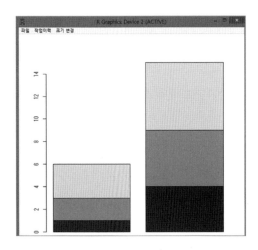

```
> barplot(xx, beside=T, names=c("Korea","America"))  # 열로 그려진 막대 그래프에 레이블을 부여
```

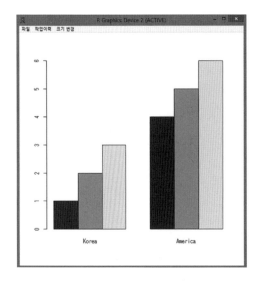

```
> # 복잡한 형태의 막대 그래프를 그리기 위한 데이터의 설정 2번째
> xxx <-matrix(c(1,2,3,4,5,6), 2, 3)     # 1,2와 3,4 그리고 5,6 3개의 묶음으로 나눈다
> xxx                                     # 데이터의 모양 확인

      [,1] [,2] [,3]
[1,]    1    3    5
[2,]    2    4    6
>
> barplot(xxx)                            # 막대 그래프가 행으로 그려짐을 확인한다
```

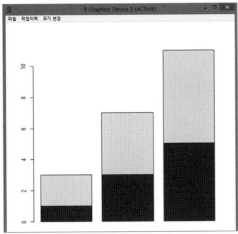

```
> barplot(xxx, beside=T)                  # 막대 그래프가 열로 그려짐을 확인한다
```

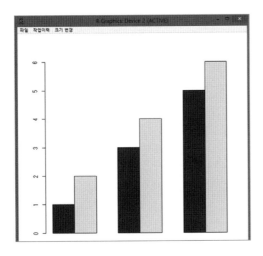

```
> barplot(xxx, beside=T, names=c("Korea", "America", "Europe"))
> # 열로 그려진 막대 그래프에 레이블을 부여
```

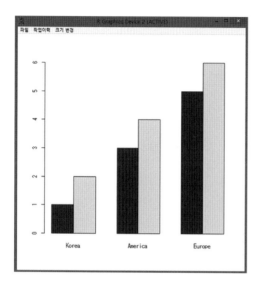

[막대 그래프를 위한 옵션의 정리]

```
> # 옵션 정리
> # angle, density, col   : 막대를 칠하는 선의 각도, 수, 색을 지정한다
> # legend                : 오른쪽 상단에 범례를 그린다
> # names                 : 각 막대의 라벨을 정의한다
> # width                 : 각 막대의 상대적인 폭을 정의한다
> # space                 : 각 막대 사이의 간격을 지정한다
> # beside                : T 이면 각각의 값마다 막대를 그린다
> # horiz                 : T 이면 막대를 옆으로 눕혀서 그린다
>
```

위의 옵션에 대한 이해를 위하여 아래의 예를 수행해 보자.

```
> abc <- c(110, 300, 150, 280, 310)  # 시즌별(=A,B,C,D,E) BaseBall 판매현황
> barplot(abc, main="Base Ball 판매량", xlab="Season", ylab="판매량",
+      names.arg=c("A","B","C","D","E"), border="blue",density=c(10, 30, 50,
+ 30, 10))
```

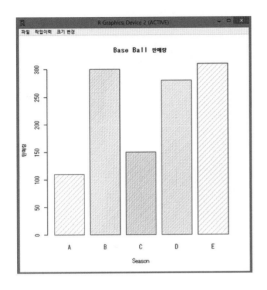

위의 예는 abc 데이터를 이용해서 막대 그래프를 그리는데, 전체 타이틀과 X, Y축의 타이틀을 넣었고, X축을 구성하는 데이터에 대해 소제목(=A,B,C,D,E)을 넣었으며, 경계선도 넣고, 막대 그래프마다 별도의 무늬를 가지도록 하여 구별을 쉽게 하였다.

이번에는 좀더 복잡하고 유용한 막대 그래프를 그리기 위하여 필요한 데이터를 생성해 보자.

[필요한 데이터의 가공단계]

```
> abc <- c(110, 300, 150, 280, 310)    # 시즌별(=A,B,C,D,E) BaseBall 판매현황
> def <- c(180, 200, 210, 190, 170)    # 시즌별 SoccerBall 판매현황
> ghi <- c(210, 150, 260, 210, 70)     # 시즌별 BeachBall 판매현황
>
> B_Type2 <- matrix(c(abc,def,ghi), 5,3)
> B_Type2
     [,1] [,2] [,3]
[1,]  110  180  210
[2,]  300  200  150
[3,]  150  210  260
[4,]  280  190  210
[5,]  310  170   70
>
```

[가공된 데이터로 볼 타입별, 각 시즌의 매출 그래프를 그려보자]

```
> barplot(B_Type2, main="Ball Type별 시즌의 판매량", xlab="Ball Type", ylab="매출",
+ beside=T,
+ names.arg=c("BaseBall","SoccerBall","BeachBall"),
+ border="blue",col=rainbow(5), ylim=(c(0,400)))
>
> # 그림에 범례를 추가하는 과정
> legend(16, 400, c("A 시즌","B 시즌","C 시즌","D 시즌","E 시즌"), cex=0.8,
+ fill=rainbow(5))
>
```

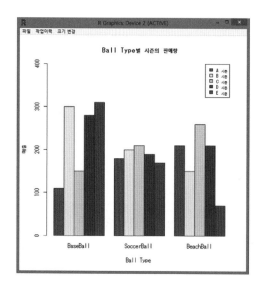

위의 그림은 3개의 볼 타입(=BaseBall, SoccerBall, PeachBall)마다 5개 시즌(=A,B,C,D,E)별로 매출액을 나타내고 있다.

[이번에는 시즌별로 볼 타입에 따른 매출을 그래프로 그려보자]

```
> barplot(t(B_Type2), main="시즌 별 볼타입에 따른 판매량", xlab="Season",
+ ylab="Price",beside=T,
+ names.arg=c("A","B","C","D", "E"), border="blue",col=rainbow(3),
+ ylim=(c(0,400)))
> legend(16, 400, c("BaseBall","SoccerBall","BeachBall"), cex=0.8,
+ fill=rainbow(5))
```

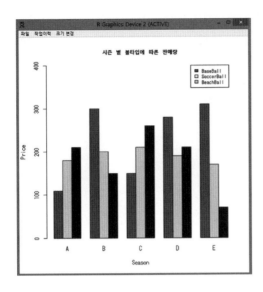

위의 그림은 그래프를 보는 시각을 바꾸어서 시즌별(=A,B,C,D,E)로 각 볼 타입의 매출현황을 보여주는 그래프이다.

이와 같이 그래프를 그릴 때 시즌 중심으로 보는지, 또는 볼 타입 중심으로 보는지에 따라 그래프의 형태가 다르게 보이게 된다.

추가로 "시즌별 볼 타입에 따른 판매량"을 누적 표시형으로 그리는 것이 고객에게 좀 더 많은 정보를 주는 경우가 있는데, 이것이 필요하다면 아래와 같이 하면 된다.

```
> barplot(t(B_Type2), main="시즌별 볼 타입에 따른 판매량(누적 표시형)", xlab="Season",
+ ylab="매+ 출",+ names.arg=c("A","B","C","D","E"), border="blue",col=rainbow(3),
+ ylim=(c(0,1000)))
> legend(4.5,1000, c("BaseBall","SoccerBall","BeachBall"), cex=0.8,
+ fill=rainbow(3))
>
```

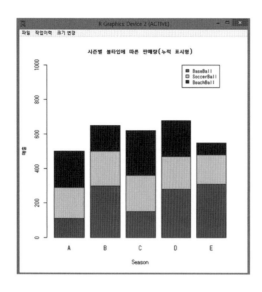

이제 막대 그래프에 대한 설명은 여기까지이다.

이제 독자들이 이야기하고 싶은 것은 막대 그래프를 그리던, 선 그래프를 그리던 주어진 자료를 어떻게 표현하면 고객에게 필요한 정보를 정확하게 전달할 수 있는지를 고민해야 한다는 점이다.

일반적으로 <u>03</u>에서 설명한 산포도나 선 그래프, <u>04</u>에서 설명한 막대 그래프가 실무에서 많이 사용되며, 중요한 점은 그래프의 화려함보다 어떤 내용을 어떻게 보여주느냐가 더 중요하다는 점을 강조하고 싶다.

앞에서 설명한 내용을 기반으로 동일한 데이터가 어떻게 다르게 보여지는 지를 확인하기 바란다.

05

그래프 그리는 방법(점 그래프)

R이 제공하는 그래픽 기능 중에서 가장 많이 사용되는 것이 점, 선, 막대 그래프이다. 특히, 점 그래프는 보고서에 넣기 위한 목적 외에도 주어진 자료가 가지는 특성을 파악하고 향후 분석을 위한 방향을 결정하기 위한 목적으로도 많이 사용된다.

[점 그래프 예]

```
> x <- c(1:10)          # 그림을 그리는 자료를 준비한다.
>
> # 점의 모양을 22 형으로 정하고, Y축의 레이블을 설정한 다음, 그래프를 그린다.
> # pch를 22로 하면 점 그래프에서 점의 모양이 사각형이 된다.
> # 다른 점의 번호에 따른 모양은 'Help'를 통해 확인한다.

> dotchart(x, labels=paste("Test", 1:10), pch=22)
```

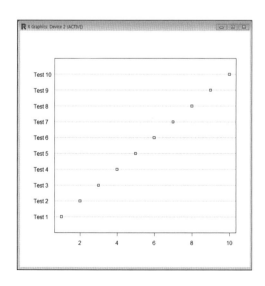

06

그래프 그리는 방법(히스토그램)

히스토그램은 단순한 그래픽으로 사용되는 경우보다는 주어진 자료의 특성을 파악하기 위한 도구로서 사용된다. 즉, 주어진 자료가 가지는 분포의 모양은 어떠하며, 어느 범위에 많이 있는지 그러므로 어떤 분석 기법을 사용해야 하는지를 결정하는 가장 기본적인 방법이다.

[히스토그램 예]

```
> b <- c(1,2,1,4,3,5,4,5,3,2,5,6,7,2,8,5,9,3,6)
> hist(b)
```

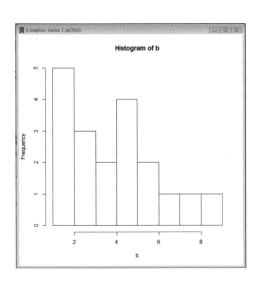

위의 그래프를 분석해 보면 주어진 데이터가 가지는 특성은 다음과 같다.

- 주어진 데이터는 0~8까지 고르게 분포한다.
- 0~2 사이의 구간과 4~6 사이의 구간에 데이터가 많이 분포되어 있다.
- 0~6 사이의 구간에 전체 데이터의 70%가 위치한다. 그러므로 표준편차나 평균은 이 데이터에 대한 대표성을 가질 수 없다.

07

그래프 그리는 방법(파이 그래프)

독자들이 너무 익숙한 파이 그래프에 대하여 설명할 차례이다. 사용 빈도가 높은 그래프 형태이므로 확실하게 배워서 사용한다.

[파이 그래프 예]

```
> T_sales <- c(210, 110, 400, 550, 700, 130)   # 자료를 준비한다
> pie(T_sales)
```

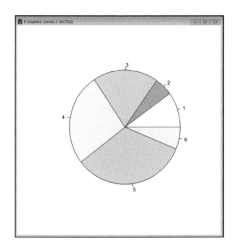

[파이 그래프의 옵션]

```
>#  angle, density, col    :각도, 밀도, 색상의 지정
>#  labels                 :각 파이 부분의 이름을 지정
```

```
> #  radius                :원형의 크기 결정
> #  clockwise             :회전 방향의 결정 (기본은 반시계 방향)
> #  init.angle            :시작되는 지점의 각도
```

[파이 그래프 : 옵션별 사용 예 1]

```
> pie(T_sales, init.angle=90, col=rainbow(length(T_sales)), labels=c("Monday",
+ "Tuesday", "Wednesday", "Thursday", "Friday", "Saturday"))
>
> legend(1,1,c("Monday", "Tuesday", "Wednesday", "Thursday", "Friday",
+ "Saturday"), cex=0.8, fill=rainbow(length(T_sales)))
```

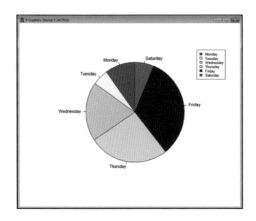

색의 진행이 시계 반대 방향으로 가고
있는 것을 확인하자.
'Init.angle' 이 90 이므로 정 가운데서 그래프
가 시작된다는 것도 확인하자.

[파이 그래프 : 옵션별 사용 예 2]

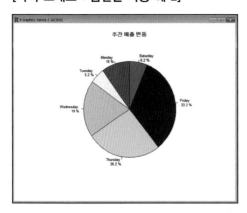

```
week <- c("Monday", "Tuesday", "Wednesday",
"Thursday", "Friday", "Saturday")
# 자료를 정의한다.

ratio <- round(T_sales/sum(T_sales) * 100, 1)

label <- paste(week," \n",ratio,"%")
# 최종 문자열을 만든다.

pie(T_sales, init.angle=90, main="주간 매출 변
동", col=rainbow(length(T_sales)), cex=0.8,
labels=label)
```

파이 그래프를 그리는 경우, 일반적으로 3차원 파이 그래프를 그리는 경우가 많다.

R에서 3차원 파이 그래프를 그리려고 하면, 기본적으로 제공하는 기능으로는 안되고 별도의 패키지를 설치해야 한다. 패키지의 이름은 'plotrix'이다.

[plotrix 패키지의 설치]

```
> install.packages("plotrix")    # 패키지 설치
> library(plotrix)               # 패키지 사용 준비
```

[3차원 파이 그래프 예]

```
> week <- c("Monday", "Tuesday", "Wednesday", "Thursday", "Friday", "Saturday")
> ratio <- round(T_sales/sum(T_sales) * 100, 1)
> label <- paste(week," \n",ratio, "%")
> pie3D(T_sales,main="주간 매출 변동", col=rainbow(length(T_sales)), cex=0.8,
+ labels=label)
```

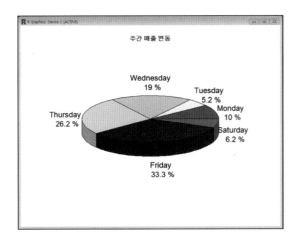

만약 범례를 추가하고자 한다면, 마지막 줄에 아래와 같이 입력한다.

```
> legend(0.5,1,c("Mond", "Tue", "Wed", "Thu", "Fri", "Sat"), cex=0.8,
+ fill=rainbow(length(T_sales)))
```

아래의 명령어를 입력한 후 'explode'의 기능을 확인하자.

```
> pie3D(T_sales,main="주간 매출 변동", col=rainbow(length(T_sales)), cex=0.8,
+ labels=label, explode=0.05)
```

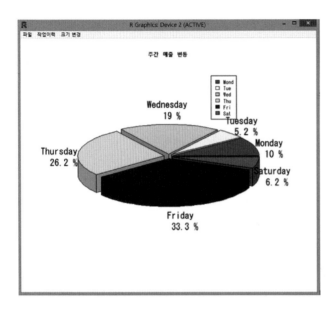

[연습해보기]

아래의 명령어를 입력해서 결과를 확인한다.

```
>       x = c(1, -1, -1, 1, 1)
>       y = c(1, 1, -1, -1, 1)
>
>       plot(x, y
+           , type="l"       # line
+           , axes = F       # without axes
+           , xlab = " "     # x label
+           , ylab = " ")    # y label
>       title("Rectangle")   # 그래프에 제목 추가하기
>
```

08

그래프 그리는 방법(상자모양 차트)

상자모양 차트는 여러 항목(최대값, 최소값, 평균값)을 그림으로 비교할 수 있는 유용한 차트이다.

[상자모양 차트 예]

```
> abc <- c(110, 300, 150, 280, 310)   # 시즌별(=A,B,C,D,E) BaseBall 판매현황
> def <- c(180, 200, 210, 190, 170)   # 시즌별 SoccerBall 판매현황
> ghi <- c(210, 150, 260, 210, 70)    # 시즌별 BeachBall 판매현황
> boxplot(abc,def,ghi)
```

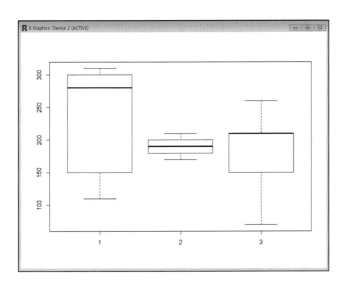

[상자모양 차트의 옵션]

```
> # col          :상자 내부의 색 지정
> # names        :각 막대의 이름 지정
> # range        :막대의 끝에서 수염까지의 길이를 지정
> # width        :박스의 폭을 지정
> # notch        :TRUE이면 상자의 허리 부분을 가늘게 표시
> # horizontal   :TRUE이면 상자를 수평으로 그림
```

[상자모양 차트 옵션의 예]

```
> boxplot(abc,def,ghi,col=c("yellow","cyan","green"), names=c("BaseBall","Socce
+ rBall","BeachBall"), horizontal=TRUE)
```

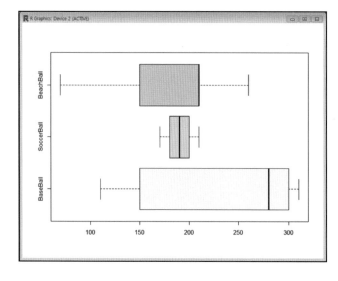

09

그래프에 필요한 추가적인 기능들

이번에 설명하는 부분은 앞에서 설명했던 다양한 그래픽 기능에 추가되는 부분이다. 즉, 앞에서 설명한 방법에 따라 산점도나 꺾은선 그래프를 그린 후 그 위에 추가적인 그림을 그리고자 하는 경우에 주로 사용된다. 물론, 이 자체로 사용하는 경우도 있지만, 기존의 그림 위에 추가적인 그림을 그리는 경우에 사용하는 경우가 더 많다.

[그림을 그리고, 그 위에 다른 그림을 추가로 그리고 싶은 경우]

```
> # 간단한 그림을 그린다
> x <-c(1:10)
> dotchart(x)
```

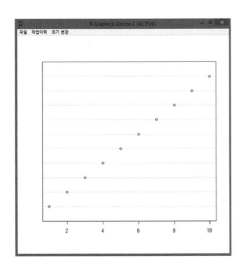

```
> # 현재 상태에서 다른 그림을 그리면,  이전의 그림이 지워진다
> par(new=T)      # 현재의 그림을 유지하는 명령
> # 새로운 그림을 그린다
> b <- c(1,2,1,4,1,5,6,8,7,6,5,3,4,6,7,8,6)
> hist(b)
>
```

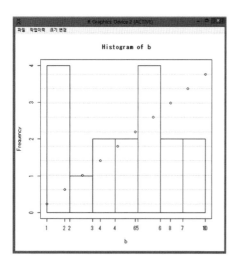

```
> plot.new()        # 그림 지우기
```

[화면에 점을 겹쳐서 찍고 싶을 때]

```
> plot.new()              # 그림을 삭제
> plot(-4:4, -4:4, type="n")    # 점을 찍기 위해 바탕 사각형과 눈금을 그린다
> points(rnorm(200), rnorm(200), pch="+", col="red")   # + 표시의 빨간 점을 200개 그린다
> par(new=T)             # 현재 그림을 유지한다
> points(rnorm(200),         #0 표시의 점을 200개 추가한다
+ rnorm(200),
+ pch="o",
+ col="cyan")
```

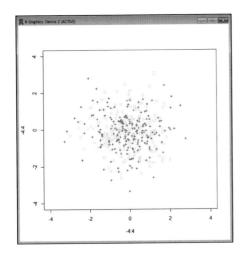 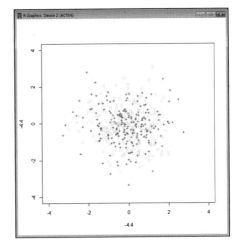

[꺾은선 그래프 그리기]

```
> x <- c(1:10)
> y <- x*x
> plot(x, y, type='n', main="Title")      # 그림 그리는 좌표와 외곽을 그린다
> for( i in 1:5) lines(x, (y+i*5), col=i, lty=i)   # 꺾은선을 그린다
```

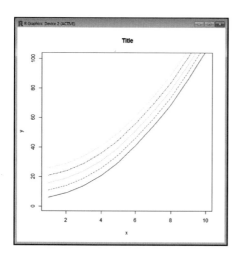

[직선 그리기]

기존에 있는 그래프에 직선을 추가하는 경우에 사용된다.

```
> library(ggplot2)
> use (iris)
> head(iris, n=10)
> qplot(Sepal.Length, Petal.Length, data=iris)
> # 앞에서 그린 그림의 분석 차원에서 회귀 분석 라인을 추가하는 경우에 사용된다.
> abline(0, 1)   # 절편이 0, 기울기가 1이다
```

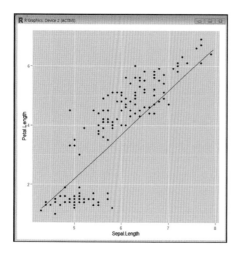

[선분과 화살표, 사각형, 문자열 그리기]

```
> x <- c(1,3,6,8,9)
> y <- c(12,56,78,32,9)
> plot(x,y)
>
> segments(6,78, 8,32)          # (3,3)과 (4,4)를 연결하는 선분 그리기
> arrows( 3,56,1,12)            # (6,6)과 (7,7)을 연결하는 화살표 그리기
> rect(4,20,6,30, density=3)    # (4,20)과 (6, 30)을 연결하는 사각형 그리기
>
> text(4,40, "이것은 샘플입니다", srt=55)        # 55는 각도
> mtext("상단의 문자열입니다", side=3 )
> mtext("우측의 문자열입니다", side=4, adj=0.3)    # adj가 0dlaus x축에 붙는다
>
> box(lty=2, col="red") # 그림의 테두리 그리기, 색은 빨간색
>
> # x축의 추가, y축 40의 위치에 0~10까지 표시하고, 색은 빨간색이다
> axis(1, pos=40, at=0:10, col=2)
> axis(2, pos=5, at=10:60)              # y축의 추가, 10~60까지만 축이 존재
```

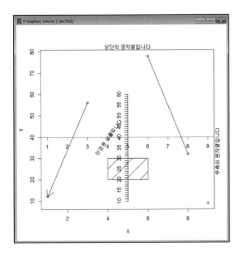

◢▸ 요점 정리

1. R의 가장 강력하고 많이 사용되는 기능은 그래픽 기능이다.

2. 그래픽 기능은 데이터의 분석을 위해서 필요한 데이터의 특성 파악 및 분석의 방향을 결정하기 위한 기본 과정이다.

3. 그래프를 그리기 전에 수행하는 과정이, 1개의 윈도우에 몇 개의 그림을 넣을 것인가에 대한 것이다(=그래프의 배치 기능).

4. 그래프의 배치에 대한 설정이 완료되면 그래픽 기능은 두 가지로 나누어 볼 수 있다.

   ■ 그래프를 그리기 위한 기능
   - 점, 선, 막대, 파이 그래프와 같은 기본적인 그래프를 그리는 기능
   - 히스토그램이나 산포도와 같이 통계 분석을 위한 데이터 특성 파악용 그래프를 그리는 기능
   ■ 그려진 그래프에 추가적인 그림을 그리기 위한 기능
   - 그래프에 대한 설명이나 이해를 돕기 위한 그림을 추가하는 경우에 사용되는 기능

5. 기본 그래프를 그리는 명령어와 옵션은 매우 유사하기 때문에 한 번만 익히게 되면 다른 부분에서 중복되는 경우가 많다.

TIP

R에서 제공하는 기본적인 그래픽 기능을 익히는 것이 기본적으로 중요하다. 하지만 기본적으로 제공되지 않지만, 많은 사람들이 사용하는 좋은 그래픽 패키지가 R에는 많이 있다. 그러므로 기본 과정이 완료된 후에는 R에서 제공하는 다른 그래픽 패키지를 설치하여 기능을 익혀두는 것이 실력향상에 중요하다.

10

다양한 그래프 종류의 소개

R을 이용하여 그래프를 그리다 보면, 앞에서 설명한 내용을 활용하여 대부분의 작업은 문제없이 진행할 수 있을 것이다.

하지만, R에는 보다 나은 그래프를 위한 다양한 기능이 제공된다. 대표적인 사례로 이미 파이 그래프에서 3차원 파이 그래프를 그리기 위하여 'plotrix' 패키지를 사용한 바 있다.

이번에는 R에서 사용할 수 있는 다양한 그래프 종류 중에서 몇 가지를 정리해 보자.

[Sunflowerplot]

산포도인데, 한 점에 여러 데이터가 해당되며 점의 주변에 겹쳐진 만큼 꽃잎을 그리는 것이다. 산포도 그래프 중에서 중복되는 데이터가 많은 경우에, 이것을 표시하는 방법으로 유용하다.

```
> x <- c(1,1,1,2,2,2,2,2,2,3,3,4,5,6)
> y <- c(2,1,4,2,3,2,2,2,2,2,1,1,1,1)
> zz <- data.frame(x, y)     # 산포도를 위한 데이터를 생성한다.
> zz
>
> sunflowerplot(zz)
```

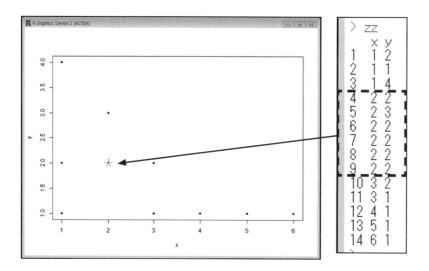

[stars]

여러 항목을 가지는 데이터에 대해 전체적인 윤곽을 살펴보는 그래프로서 데이터 항목에 대한 변화의 정도를 한 눈에 파악할 수 있는 방법이다.

```
> data(mtcars)              # mtcars를 사용하겠다는 명령어
> stars(mtcars[ , 1:4])     # mtcars 중 1~4번째 항목을 대상으로 그래프를 그리는 명령어
```

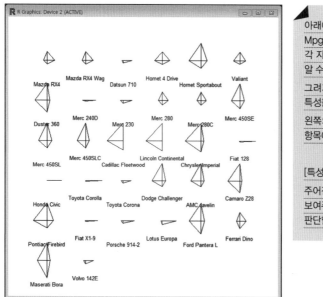

아래에 보여진 데이터 중에서 1~4에 속하는 Mpg, cyl, disp, hp의 4가지 요소에 대하여 각 자동차별로 어떤 특징을 보이는지 한 눈에 알 수 있다.

그려지는 항목을 변경하면서 전체 데이터의 특성을 파악할 수 있는 도구이다.

왼쪽의 그림은 각 자동차별로 주어진 4개의 항목에 대한 데이터 특성을 한 눈에 보여준다.

[특성파악의 예]

주어진 4개의 특성에 대하여 안정적인 변화를 보여주는 차종은 Mazda RX4와 Valiant 라고 판단할 수 있다.

```
> head(mtcars)
                   mpg cyl disp  hp drat    wt  qsec vs am gear carb
Mazda RX4         21.0   6  160 110 3.90 2.620 16.46  0  1    4    4
Mazda RX4 Wag     21.0   6  160 110 3.90 2.875 17.02  0  1    4    4
Datsun 710        22.8   4  108  93 3.85 2.320 18.61  1  1    4    1
Hornet 4 Drive    21.4   6  258 110 3.08 3.215 19.44  1  0    3    1
Hornet Sportabout 18.7   8  360 175 3.15 3.440 17.02  0  0    3    2
Valiant           18.1   6  225 105 2.76 3.460 20.22  1  0    3    1
```

[Symbol]

3차원 데이터를 대상으로 그들간의 관계성을 그래프로 보여주는 것으로 직관적인 그래프를 제공하므로 그래프로서의 가치가 높다.

```
> xx <- c(1,2,3,4,5)
> yy <-c(2,3,4,5,6)
> zz <-c(10, 5, 100, 20, 10)
> symbols(xx, yy, zz)
```

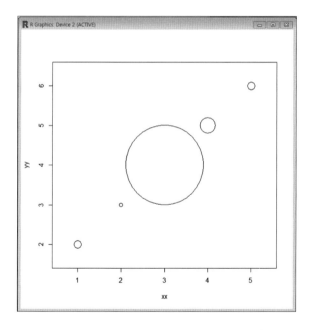

[pairs]

3차원 데이터를 대상으로 그들간의 관계성을 그래프로 보여주는 것으로 데이터의 분석에 3개의 축으로 된 데이터의 특성을 파악할 때 사용한다.

```
> xx <- c(1,2,3,4,5)
> yy <- c(20,13,40,50,60)
> zz <- c(10,5,100,20,10)
> c <- matrix(c(xx,yy,zz),5,3)
> c
> pairs(c)
```

```
> c
     [,1] [,2] [,3]
[1,]   1   20   10
[2,]   2   13    5
[3,]   3   40  100
[4,]   4   50   20
[5,]   5   60   10
```

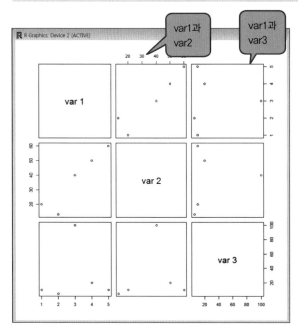

11

3차원 그래프

R에서 3차원 그래프를 그리기 위해 준비된 기능이 많다. 대표적인 예로 image, persp, contour, filled.contour, scatterplot3d 등이 있다. 여기에서는 'persp', 'contour'에 대해 설명한다.

[persp]

3차원 데이터를 대상으로 그들간의 관계성을 그래프로 보여주는 것

```
> x1 = seq(-3, 3, length = 50)            # -3에서 3까지 50개의 자료 생성
> x2 = seq(-4, 4, length = 60)            # -4에서 4까지 60개의 자료 생성
> f = function(x1, x2) {x1^2 + x2^2 + x1*x2 }   # 함수 만들기
> y = outer(x1, x2, FUN = f)              # 외적
> persp(x1,x2,y)
```

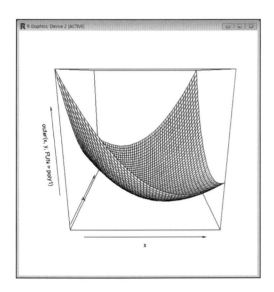

[contour]

3차원 데이터를 대상으로 그들간의 관계성을 그래프로 보여주는 것

```
> x1 = seq(-3, 3, length = 50)              # -3에서 3까지 50개의 자료 생성
> x2 = seq(-4, 4, length = 60)              # -4에서 4까지 60개의 자료 생성
> f = function(x1, x2) {x1^2 + x2^2 + x1*x2 }   # 함수 만들기
> y = outer(x1, x2, FUN = f)                # 외적
> contour(x1,x2,y)
```

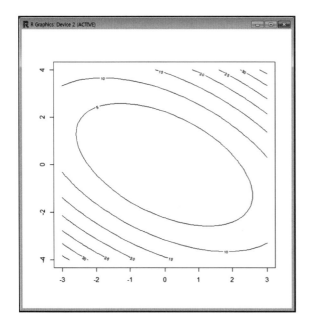

12

그래픽용 패키지 사용

R은 오픈 소스로서 다양한 기능들이 별도의 패키지로 제공한다.

여기에서는 가장 많이 사용하는 'lattice', 'ggplot2'에 대해 설명한다.

[lattice 패키지]

3차원 데이터를 대상으로 그들간의 관계성을 그래프로 보여주는 것

```
> # 데이터를 준비한다
> data(quakes)           # 데이터를 준비한다
> head(quakes)           # 데이터의 모습을 확인한다
      lat    long    depth mag    stations
 1 -20.42  181.62     562 4.8          41
 2 -20.62  181.03     650 4.2          15
 3 -26.00  184.10      42 5.4          43
 4 -17.97  181.66     626 4.1          19
 5 -20.42  181.96     649 4.0          11
 6 -19.68  184.31     195 4.0          12
>
> library(lattice)              # lattice 패키지 사용 준비, 필요하다면 설치하는 과정을 실행한다
>
> mini = min(quakes$depth)      # depth 최소값
> maxi = max(quakes$depth)      # depth 최대값
> r = ceiling((maxi-mini)/8)    # depth 구간 크기
> inf = seq(mini, maxi, r)      # 구간 만들기
> quakes$depth.cat = factor(floor((quakes$depth - mini)/r), labels = paste(inf,
+ inf + r, sep = "-"))          # 팩터 변수 만들기
```

```
>  xyplot(lat ~ long | depth.cat
+ , data = quakes
+ , main = "Fiji earthquakes
+ data")                      # xy plot
```

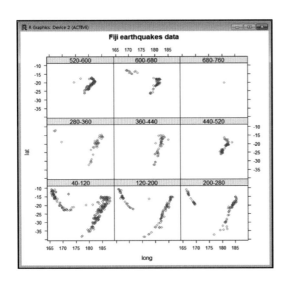

```
> cloud(mag ~ lat * long
+ , data = quakes
+ , sub = "magnitude with longitude and lattide")   # cloud 3*dim plot
```

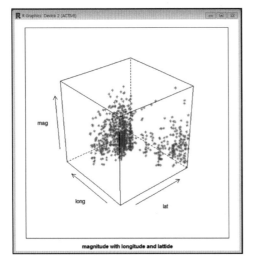

```
> splom(quakes[,1:4])
```

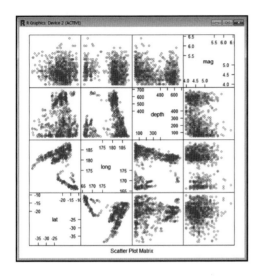

```
> bwplot(mag ~ depth.cat
+ , data = quakes
+ , main = "깊이 범부에 따른 지진 강도 상자그림") # depth.cat에 따른 상자그림
```

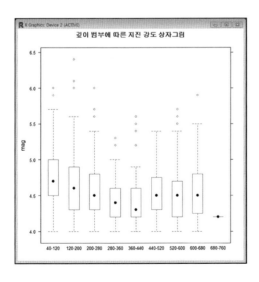

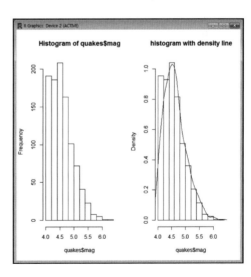

```
> op = par(mfrow = c(1,2))        # 행 1, 열 2의 레이아웃
> hist(quakes$mag)                # 히스토그램 그래프
> hist(quakes$mag, probability = T, main = "histogram with density line")
> lines(density(quakes$mag))      # 그래프에 라인 넣기
> par(op)
```

[ggplot2 패키지]

```
> install.packages("ggplot2")    # 패키지를 설치한다
> library(ggplot2)               # 패키지를 사용할 수 있게 준비한다

> head(iris)                     # 데이터의 모습을 확인한다
  Sepal.Length Sepal.Width Petal.Length Petal.Width Species
1          5.1         3.5          1.4         0.2  setosa
2          4.9         3.0          1.4         0.2  setosa
3          4.7         3.2          1.3         0.2  setosa
4          4.6         3.1          1.5         0.2  setosa
5          5.0         3.6          1.4         0.2  setosa
6          5.4         3.9          1.7         0.4  setosa
>
> qplot(Sepal.Length, Petal.Length, data=iris)
```

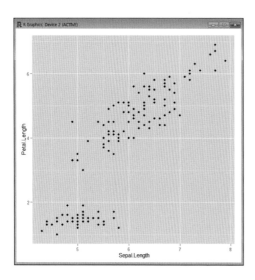

```
> # 멋진 그래프를 그린다

> qplot(Sepal.Length, Petal.Length, data = iris, color = Species, size = Petal.
+ Width)
```

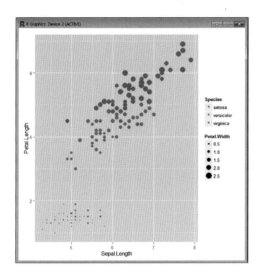

그래프는 Petal.Width의 크기에 따라 점의 크기가 다르게 표시된다. 그리고, Species에 따라 다른 색으로 표현되어 그래프에 대해 해석이 쉽다.

```
> # 멋진 그래프를 그린다. 이제는 점이 아닌 선의 형태로 그래프를 보여준다
> # 이 경우에는 자료의 변동에 대한 가독성이 높아진다
>
> qplot(Sepal.Length, Petal.Length, data = iris, geom = "line", color =
+ Species)
```

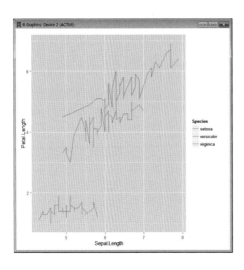

```
> # 멋진 그래프를 그린다
> qplot(age, circumference, data = Orange, geom = "line", colour = Tree, main =
+ "How does orange tree circumference vary with age?")
```

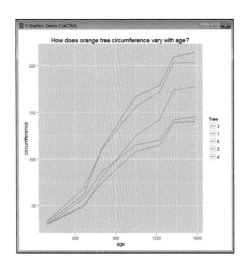

ggplot 패키지는 기본적으로 제공하는 그래픽에 비해 사용하기 쉽고, 다양하면서 예쁜 그래픽을 제공해서 많이 사용한다. 웹에 매뉴얼이 공개되어 있으며 보다 다양한 기능이 필요한 경우에 참고하면 된다.

ggplot에서 제공하는 기능은 실무에서 R을 사용하는 사용자 사이에서 매우 좋은 평판을 듣는다. 관심이 있다면 다른 사람이 만든 사례를 참고해서 유용하게 활용하기 바란다.

◆◆ 요점 정리

1. R에서 제공하는 그래픽의 종류는 많다. 하지만, 그래프가 사용되는 목적은 아래의 두 가지로 나누어 볼 수 있다.
   - 데이터를 분석하는 목적
   - 멋진 보고서를 작성하는 목적

2. 데이터를 분석하는 목적으로 사용되는 그래프는 아래와 같다. 물론 전부라고 볼 수는 없지만, 대부분의 경우에 이 정도의 수준에서 작업이 이루어진다.
   - 산포도(plot)와 히스토그램
   - sunflowerplot, stars, symbol, pairs와 같이 기본적으로 제공하는 그래프

3. 멋진 보고서를 작성하는 목적으로 사용되는 그래프는 기본적으로 제공하는 그래프 기능 외에 추가적으로 설치하여 사용하는 패키지를 사용하는 경우가 대부분이다.
   - lattice, ggplot2와 같은 추가 패키지 이용
     - 추가 패키지는 너무 많다. 하지만, 위의 2개 패키지만 사용해도 충분한 결과를 얻을 수 있다.
   - persp, contour 등과 같은 3차원 그래프 이용
     - 보기에는 좋은 데, 실제 사용하는 경우는 생각보다 많지 않다. 또한, 두 가지의 명령어를 익힌 후에 필요시에 사용하면 될 것 같다.

TIP

데이터의 분석을 위해 기본으로 제공하는 기능을 활용하는 경우가 많고, 실제 보고서를 만들 때는 lattice, ggplot2 정도만 잘 사용하여도 큰 문제가 없다.

앞으로 돌아가서, lattice, ggplot2의 많은 기능 중에서 핵심적인 기능에 대하여 다시 확인해 보기 바란다.

Chapter

4

R 통계

R을 배우면서 통계에 대한 기본적인 방법이나 개념을 모르는 경우가 많다. 손에 무시무시한 칼을 쥐고 있어도 어디에 사용할 지를 모른다면 아무런 의미가 없을 것이다. 이번 장에서는 R 의 가장 핵심 기능이라고 할 수 있는 통계에 관련된 지식을 비 전문가의 관점에서 정리하여 제공할 것이다. 통계에 대해 궁금해 하는 독자가 있다면 이번 장에서 제공하는 내용을 충분히 숙지하기 바란다. 사용자의 관점에서 통계 및 관련 지식을 체계적으로 정리하였으므로 전체적인 개념을 이해하는 데 큰 도움이 될 것이다.

01 개요
02 통계 분석의 전체범위
03 데이터 분석 과정
04 통계 분석
05 데이터 분석에 사용되는 중요기법

01

개요

R이 처음 개발되었던 이유는 통계 분석을 위한 것이었다.

무료로 제공되는 오픈 소스의 제품이 사용화되어 있는 다른 제품에 뒤지지 않는 통계 분석 기능을 가지고 있고, 더구나 분석된 결과물을 다양한 그래프로 표현할 수 있는 기능도 제공하므로 당연히 매력적일 수 밖에 없다.

물론, 최근에는 R의 기능이 다양하게 확대되면서 데이터 마이닝에서 사용하는 다양한 기법들도 지원하고, 마케팅에서 사용하는 기능도 제공하는 등 기능이 지속적으로 좋아지고 적용의 범위를 점점 넓혀가고 있다.

하지만, 좋은 점이 있다면 나쁜 점도 있는 법, R이 제공하는 통계 기능은 매우 다양하기 때문에 초보자들이 접근하기 어렵고, 전문가라 하더라도 모든 것을 이해한다는 것은 거의 불가능 할 만큼 기능이 확장되고 있다.

이 책에서는 독자가 통계 분야에 대해 초보자로 가정하고 사용자의 관점에서 통계 분석 관련 부분을 집필하였다. 당연히 통계에 관한 공식이나 관련된 설명은 제외하였고, 어떠한 상황에서 어떤 공식이 어떤 형태로 사용되는 지에 중점을 맞추었다. 그리고 다른 책과는 다르게 R을 이용한 통계 분석을 실행하기 전에 거쳐야 하는 데이터 분석의 과정에 대하여 상세하게 설명하였다.

R이라는 무기 사용법을 안다고 해도, 언제 어떻게 쓰는지를 모른다면, R의 가치가 크게 약화될 것이다. 그런 점에서 이번 장에서 설명하는 내용이 매우 중요하다.

결론적으로,

이 책을 통해 독자는 데이터 분석의 과정을 이해할 수 있고, 최종적으로 R을 활용하여 데이터 분석을 실행하고, 결과를 확인하는 즐거움을 맛보게 될 것이다.

02

통계 분석의 전체범위

R을 이용하여 통계 분석을 실행하는 경우에, 단순히 특정 기법(예 회귀 분석)을 적용하고 결과를 분석하여 끝내는 경우가 대부분이다. 하지만, 이런 경우는 나무만 보고 숲을 보지 못한 것과 같다.

이번 장에서는 통계에 대해 전체 숲의 모습을 보여주고 필요한 기법에 대해 설명을 제공한다(당연히 비 전공자를 대상으로 하는 설명이 될 것이다).

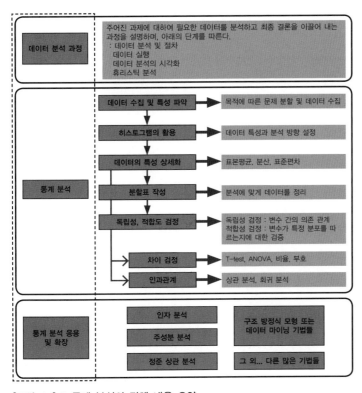

[그림 4.1] R 통계 분석의 전체 내용 요약

03

데이터 분석 과정

데이터 분석 과정은 문제의 정의/분해/평가/결정 단계를 반복하는 과정이다. 이런 과정을 수행하면서 필요한 경우에 '데이터 실험'의 과정을 수행할 수도 있고 분석된 결과의 정리를 위해 '데이터 시각화'의 단계를 거치는 경우도 있다. 마지막으로 결론을 얻기 어려운 특수한 상황에서는 '휴리스틱 분석'을 적용할 수도 있다.

1 데이터 분석이란?

데이터의 분석은 정의/분해/평가/결정의 단계를 반복해서 진행한다. 각 단계에 대해 설명을 제공하고, 이어서 제공된 설명에 대해 사례를 제시하여 이해를 높이도록 한다.

[정의 단계]

문제의 정의는 해결해야 할 문제에 대해 정확하게 판단하는 것으로, 모든 분석의 기본이다.

해결해야 할 문제가 정확하게 정의되면 문제를 작은 단위로 분할해서 해결 방안을 찾는다 (=Divide and Conquer의 개념).

문제를 정확하게 정의하기 위해 고객으로부터 최대한의 정보를 얻어내야 한다(사실, 고객은 문제와 필요한 정보를 대부분 알고 있다. 단지 자신이 안다는 것을 모르거나 정확한 표현을 하지 못하는 경우가 많기 때문에 분석가는 이런 점을 고려하여 구체적인 대화를 통해 필요한 정보를 얻을 수 있어야 한다).

[분해 단계]

정의된 문제의 해결은 대부분의 경우에 작은 단위로 분할한 후에 단계별로 해결한다.

확보한 데이터도 분할된 단위에 맞추어 수집하거나 재구성한다.

고객이 제공한 문제와 자료를 기반으로 분석을 실행하는 것은 대부분의 경우에 분석이 불가하거나 고객이 원하는 결과를 얻을 수 없다.

고객이 원하는 것을 얻기 위해서는 고객이 제공한 문제의 본질을 이해하고 이것을 해결하기 위해 분석 가능한 작은 단위로 문제를 분할한 후에 분석을 수행해야 구체적이고 도움이 되는 결과를 확보할 수 있다(= 이것이 통계 분석을 실행하는 첫 단계이며 기본적으로 실행하는 과정이다).

문제를 분해할 때, 가져야 하는 기본 방향은 내가 문제를 어떻게 이해했고, 어떤 결과가 나와야 하는지를 예상해야 한다는 것이다. 이런 전제 하에 문제가 분해되고, 분석이 실행되어야 한다. 즉, 문제의 분해는 결과에 대한 예측을 기반으로 실행하는 것이다.

[평가 단계]

분석가의 결정은 분석가의 생각을 전달하고 근거가 되는 자료를 정확하게 제시함으로써 고객의 자료를 기반으로 현명한 의사결정을 돕는 것이지, 그 이상의 의미를 가지면 안 된다. 그러므로 분석한 문제에 대해 자신의 가정을 명시적으로 밝히고, 분할 내용 그리고 분할에 관련된 자료를 설명하고, 최종 결론을 고객에게 제공하는 것이 중요하다.

분석가는 주어진 문제와 고객이 알고자 하는 것을 기준으로 현재의 시점에서 결과를 평가해야 한다. 절대로 고객의 입장에서 평가하거나 일반적인 제 3자의 입장에서 평가하면 안 된다.

만약, 분석의 결과가 불확실하다면, 문제의 정의와 분해가 제대로 되지 않았다는 것을 인식해야 한다. 당연히, 예상되는 결과에 기반하여 문제의 분해를 다시 해야 한다.

[결정 단계]

평가가 완료된 후에 분석가의 결정을 전달하는 과정이다.

최종 결정을 위해 분석가가 통계에 관련된 기법을 사용하는 경우에는 필요한 모델을 구축해야 한다. 즉, 나는 데이터를 이렇게 분석할 것이기 때문에 이런 기법을 사용하고, 이런 점을 주의 깊게 보겠다는 기준이 필요하다.

이것을 데이터에 대한 멘탈 모델이라고 한다. 당연히 동일한 데이터라고 하더라도 멘탈 모델에 따라 분석 기법, 기준이 다르게 된다.

모델을 확정하고, 이를 대상으로 데이터 분석을 실행해서 최종적인 분석가의 의견을 확정하는 것이 결정 단계이다.

[반복 단계]

앞에서 제시한 정의/분해/평가/결정의 단계는 모든 상황에 대한 것이 아니라, 현재 시점에서 분석가에게 주어진 것에 대한 작업이다.

그러므로, 최종 결정 단계나 평가 단계에서 새로운 자료나 상황이 발생하는 경우는 이미 실행한 단계를 다시 수행해야 한다.

2 데이터 분석 사례

첫 번째, 고객이 "매출 향상"을 위해 방안을 의뢰하였다. -> **분석의 시작**

[확인점]

분석가라면, 매출 향상을 원하는 상황에서 보다 상세한 내용의 확인이 필요하다.

> **예** 매출 향상의 대상, 향상의 기준, 왜 매출 향상을 원하는가?

두 번째, 문제에 대해 정확한 정의 및 상황 파악을 위해 고객과 질의/응답 시간을 가졌다. -> **정의 및 분해**

[매출 향상 방안에 대해 질의 사례]

- 당신이 말하는 매출은 전체인가요? 아니면 특정 제품인가요? 아니면 특정 지역인가요?
- 매출 향상은 어느 정도까지가 향상이라고 할 수 있나요?
- 매출 향상을 원하는 이유는 무엇인가요?
- 매출 향상을 위해 좋은 방안은 무엇이라고 생각하시나요? (기존의 방법 포함)
- 현재 매출 향상을 위해 사용하는 방법/예산은 무엇입니까?
- 경쟁사의 상세 매출 정보를 얻을 수 있습니까?

    이것을 통해 고객이 요구한 것을 정확히 정의하고, 정의한 것의 달성을 위해 문제를 분해한다.

> **예** 질문을 통해 고객의 매출 향상이 대표상품 "천둥"에 대한 매출 향상에 중점이 맞추어져 있다면……

[문제의 정의]

"천둥" 제품의 특성을 분석하고, 관련된 부분에 대해 분석의 초점을 맞추어 자료를 찾고, 정리한다(분석을 위해 멘탈 모델의 설정 및 분석 방향의 결정이 현 단계에서 필요하다).

[문제의 분해]

- 고객층, 광고방법
- 기존에 사용한 프로모션
- 가격정책, 사후지원
- 디자인
- 고객불만

분해된 문제의 항목을 기반으로 데이터를 취합하고, 분석의 방향을 설정한다.

세 번째, 자신의 가정을 명시적으로 밝히고, 데이터에 근거하여 결론을 내린다. -> **상황 평가**

이 단계에서 분석가는 상황을 분석하기 위한 자신의 시각을 가져야 한다. 이것을 멘탈 모델이라고 한다.

> **예** 만약 "천둥"의 매출 향상이 문제라고 하면, 신제품이라는 특성을 고려하여 사후지원/고객불만은 제외하고 분류된 다른 부분의 자료를 취합한다.
>
> - 고객층, 광고방법 : 천둥의 주요 고객 층과 광고 매체, 시간에 대한 자료 취합 필요
> - 기존에 사용한 프로모션 : 지난 5년간 사용했던 프로모션 자료 필요
> - 가격정책, 사후지원 : 가격의 변동 자료 필요, 사후 지원은 생략
> - 고객불만 : 생략
>
> 가격정책을 분석하는 경우에 가격의 변동에 따른 매출을 중점적으로 보아서, 가격 변동에 따른 재고 변화, 매출 변화 등을 분석해야 한다. 또는 경쟁사 제품의 출고 시기, 가격 및 마케팅 정책 등에 대한 자료를 확보해서 분석해 보아야 한다.
>
> 전체 제품의 재고변화에 대한 자료나 전체 매출 변화 자료는 현재의 멘탈 모델이 가격과 경쟁사 제품과의 포지셔닝에 맞추어 구성되어 있기 때문에 큰 도움이 되지 않는다(만약 멘탈 모델이 전체 제품 구성에 따른 기업 이미지에 초점이 맞추어져서 매출 향상을 고민하고 있다면 이 자료가 의미가 있을 수 있다).
>
> 분석가가 불확실한 것 때문에 어려움을 느낀다면, 문제의 정의와 분해가 제대로 되지 않았다는 것을 알아야 한다. 그리고, 분석 중에 발생하는 불확실한 자료나 상황을 반드시 구체화를 통해 명확하게 만들어야 한다. 대부분의 경우 문제의 분해가 명확하지 않거나 멘탈 모델이 방향성이 확정되지 않은 경우에 발생한다.

네 번째, 자신의 결론을 문서의 형태로 정리하여 제출한다. -> **결정된 사항의 정리(결정)**

분석가는 자신이 정의한 문제, 분해한 내용, 확보한 데이터를 기반으로 멘탈 모델과 분석 과정 그리고 자신의 결론을 문서로 정리하여 제출하는 고객에게 도움이 되도록 한다.

> 최종 결정을 위해 필요한 경우에는 여러 통계 기법이 사용될 수 있다.
>
> - 천둥 제품의 매출 추이를 기반으로 향후 매출을 예상하고자 하는 경우(회귀기법)
> - 계절별 천둥 제품의 매출 변화 추이를 보는 경우(히스토그램)
> - 경쟁 제품의 가격 변동이 천둥의 매출에 영향을 미치는지 분석(검정기법)
> - 광고비, 계절, 가격 변동이 매출에 미치는 영향 분석(Anova)

중요한 점은

통계 기법이 적용되기 전에 문제를 정의하고 분해하고, 결과의 형태를 예측하고 이에 따라 필요한 자료를 수집하고, 이것을 기반으로 분석하는 과정이 먼저 실행되어야 한다는 것이다.

그리고, 분석의 과정에서 필요한 경우 통계 기법들이 적용될 수 있다. 통계 기법은 마법의 지팡이가 아니며 주어진 전제에 따라 엄청난 오류를 발생할 수도 있음을 기억해야 한다.

다섯 번째, 새로운 상황이나 문제의 추가 등이 발생하면 첫 번째~네 번째의 과정을 다시 실행한다.

③ 데이터 실험

데이터 분석을 실행하면서, 확실한 근거가 미약하거나 자료가 부족한 경우에는 부분적인 실험을 통해 데이터 분석의 결과를 검정하거나 필요한 데이터를 추가로 확보해야 하는 경우도 있다.

이런 경우를 데이터 실험이라고 표현하며, 이것을 실행하는 경우에 주의해야 하는 점은 다음과 같다.

[통계치는 다른 통계치와의 관계에서만 의미가 있다]

실험을 통해 내가 무엇을 확인하고자 하는 지를 명확하게 한 후에, 실험을 계획하고 실행하여야 한다. 이것이 명확하지 않으면 실험의 결과로 나온 값의 가치를 비교할 수 없게 된다.

[실험의 통계치는 교락인자(confounder)로 인하여 다른 결과를 보여줄 수 있다]

예 스포츠 의류의 가격 상승이 전체 기업의 매출에 미치는 영향에 대해 알고자 하는데, 청담동에 있는 매장끼리 비교하고, 구로동에 있는 매장끼리 비교하는 것은 가격 상승이 전체 매출에 관심을 가지는 현재의 문제에 대해 답을 줄 수 없다. - **실험의 잘못된 설계**

만약, 내가 해결해야 할 문제가 "부유층과 중간층의 가격에 대한 민감도"라면 아마도 청담동과 구로동으로 나누어 비교하는 것이 의미가 있을 수도 있을 것이다.

[실험을 실행하는 경우에 교락인자의 영향을 피하려면 무작위 추출에 의한 실험군, 대조군을 구성하는 것이 필요하다]

４ 데이터 시각화

데이터의 분석이 완료되고, 필요하면 실험도 실행한 후에 최종적인 결과 정리 및 보고서의 작성을 위해 그림을 포함한 시각화가 많이 사용되고 있다. 하지만, 단순히 예쁘고 아름답다고 해서 잘 된 시각화라고 할 수 없다.

[데이터 시각화를 위한 가이드]

데이터가 너무 많아서 시각화가 어렵다거나, 분석이 불가능한 것은 아니다. 실제 이런 경우를 위하여 많은 이론이 개발되어 있다.

대표적인 시각화 도구
- 평균, 분산 : 하나의 수치로 전체 데이터의 특성을 표현하는 도구
- 산포도 : 전체 데이터가 어떤 특징을 가지는 지 보여주는 도구
- 히스토그램 : 데이터를 구간별로 나누어 도수를 표시함으로써 특징을 보여주는 도구

시각화는 데이터를 보기 좋게 만드는 과정이 아니다. 시각화란 고객이 기대하는 바를 파악하고 이것을 보기 좋게 정리하여 보여주는 것이다. 이것을 통해 고객이 정확한 생각과 판단을 내리기 쉽도록 도와주는 것이다.

데이터 시각화는 고객의 요구에 맞추어 데이터를 요약하는 것이고, 대표적인 시각화 방법이 데이터를 비교하는 것이다(=데이터 시각화란 적절한 비교를 말한다). 고객이 매출향상을 원한다면, 종업원 임금 향상과 매출 향상을 비교하는 것이 의미가 있다. 이외에 제품의 종류 변화와 매출 향상 비교도 의미가 있다.

데이터 시각화는 "데이터를 보여주어야 하고", "적절한 비교를 하고", "연관된 여러 변수를 보여준다"는 3가지 조건을 만족해야 한다.

[시각화를 위해 많이 사용되는 방법]

산포도
산포도는 X축이 독립 변수(=영향을 미치는 변수, 원인)이고, Y축이 종속 변수(=결과)이다. 산포도는 다양한 X, Y축 변수의 선택을 통해 필요한 정보를 파악할 수 있게 한다.

히스토그램
주어진 자료를 특정 기준에 맞는 빈도수를 보여주는 것으로, 큰 자료의 특성을 파악하는데 도움이 된다.

이외에도 막대 그래프, 파이 그래프, 밀도 그림, 상자 그림 등이 많이 사용된다.

데이터 분석의 시각화를 위해 3차원 또는 복잡한 그래프를 사용할 수도 있지만, 그런 경우는 많이 발생하지 않는다. 기본적인 그래프(=막대, 산포도, 히스토)와 통계량(=평균, 분산, 최대, 최소)으로도 데이터가 가지는 특성을 파악할 수 있으며, 상대에게 좀 더 쉽게 이해시킬 수 있다.

결론적으로 분석가의 관점이 아니라 사용자의 관점에서 필요한 정보를 적절한 비교를 통하여 손쉽게 파악할 수 있도록 해주는 것이 시각화가 가지는 의미라고 할 수 있다. 너무 많은 정보를 담거나 복잡하고 멋진 그림으로 표현하는 것이 결코 올바른 것이라고 볼 수 없다. 사용자의 목적에 맞는 변수와 데이터를 알기 쉽게 정리하는 것이 가장 중요하다.

[데이터 분석의 시각화 사례]

온라인 쇼핑몰을 운영하는 ABC 사는 매출의 향상을 위하여 어느 분야에 집중해야 하는지를 알고 싶다. 그래서 분석을 의뢰하였고, 문제의 정의/분해/평가/결정의 단계를 진행하고 있으며, 분석 중간 단계에서 경영진에게 진행 중간 보고를 하기 위하여 분석된 데이터 중 일부를 정리하고자 한다.

현재까지 파악한 바로는 ABC 사의 매출에 영향을 미치는 요소는 "사용자의 로그인 횟수"와 "쇼핑몰에서 사용한 시간"의 두 가지가 고려 대상이라고 가정한다면 이것을 어떻게 사용자에게 보여주는 것이 올바른 방법이라고 할 수 있을까?

보고서에는 다음 페이지의 그림에서 보여주는 바와 같이 두 가지로 나누어 자료를 제공할 수 있다.

- "사용자ID", "로그인 횟수", "총사용시간", "매출"을 표로 정리하여 제공하는 경우
- "총사용시간"과 "매출", "로그인 횟수"와 "매출"로 나누어서 산포도로 표현하는 경우

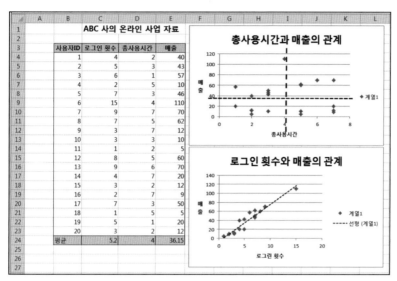

[그림 4.2] **시각화의 자료 비교**

총 사용시간과 매출은 별 관계가 없다. 사용시간의 평균과 매출의 평균을 그래프에 추가하여 보여주면 이런 점을 금방 확인할 수 있다.

로그인 횟수와 매출은 긴밀한 관계가 있으며, 이들을 대표하는 선을 그래프 위에 그어보면, 이들의 긴밀성이 한 눈에 보여지게 된다.

데이터 시각화는 단순한 이미지의 나열이나 예쁜 그림을 보여주는 것이 아니라, 고객이 무엇을 원하는지를 알고, 그것을 이해하기 쉽게 보여주는 것이다.

5 휴리스틱 분석

일반적인 분석의 상황에서 특정 결론을 얻기 위하여 필요한 데이터가 부족한 경우에 결론을 지원할 수 있는 데이터를 일부 추가해서 원하는 결론을 뒷받침하는 기법을 휴리스틱 분석이라고 할 수 있다.

어떤 의사결정을 함에 있어서 환경은 3가지로 분리할 수 있다.

① 직관 : 1가지 조건에 기준하여 판단하는 경우
② 휴리스틱 : 몇 가지 조건에 기준하여 판단하는 경우
    (정확한 답을 낼 가능성은 높지만 최적성이 보장되지 않는 문제 해결 방식이다)
③ 최적화 : 모든 조건을 고려하여 판단하는 경우

[사례]

독거노인의 점심 식사를 지원하는 봉사 활동 단체는 그들의 활동이 노인들에게 큰 도움이 된다고 생각합니다. 그리고 그들은 활동의 근거로 1년에 한번 설문조사를 합니다.

[설문내용]

- 점심 식사는 맛있었나요?
- 점심 식사는 정시에 제공되었나요?
- 점심 식사를 계속 이용하실 생각이 있으신가요?

설문조사 후 만들어진 보고서는 위의 설문항목별로 "예"라고 대답한 사람의 비율이 2014년에 비해 2015년에 높아졌다는 것을 보여주고 있다.

그래서 봉사 활동 단체는 점심 식사 지원활동이 의미가 있다고 결론을 내리고 있다.

그런데, 정부의 봉사활동단체 관리담당자는 점심 식사 지원이 독거 노인의 생활에 도움이 되는지를 알고 싶다.

이런 경우에 "점심 식사 지원이 생활에 도움이 되는지를" 어떻게 알 수 있을까? 기존 설문자료는 점심 식사 자체에 중점을 두고 있다. 이런 경우에, 기존의 데이터를 이용해서는 원하는 결과를 얻을 수 없다. 아마도 정부에서 원하는 결과를 얻으려면 아래의 질문에 대한 데이터가 필요할 것이다.

- 점심 식사의 제공이 필요한 것이지?
- 점심 식사가 제공되지 않으면 대체 방안은 무엇인지?

알고 싶어하는 "생활의 도움 정도"를 파악하기 위해서는 이미 확보한 데이터 외에 앞에서 제공한 질문에 대한 추가적인 자료가 필요하다. 가장 적당하다고 방법은 추가 질문에 대하여 실제로 점심을 배달하는 자원 봉사자들의 의견을 물어서 "점심 식사 지원이 노인들의 생활에 도움이 된다"는 것을 간접적으로 증명하는 방식이다.

이것이 기존의 자료에, 필요에 따라 자료나 실험을 추가하여 원하는 결과를 알아보는 방법으로서 휴리스틱 분석이라고 한다.

즉, 기존의 자료에 추가적인 자료를 보완해서 원하는 결과에 대한 간접적인 증명을 하는 것이다.

∎∎ 요점 정리

1. R을 적용하기 전에 수행해야 하는 작업이 데이터 분석 과정이다.

2. 데이터 분석의 과정은 아래의 단계를 거쳐 수행한다.

[데이터 분석의 과정]

- 문제의 정의 과정
- 문제의 분해 및 분석 과정
- 분해/분석의 과정에서 필요하면 데이터 실험 실행
- 정리를 위해 시각화의 과정 수행 필요
- 문제의 평가 과정
- 평가를 진행하면서 휴리스틱 방법을 적용할 수 있다.
- 문제의 결정 과정
- 결정 과정 이후에는 다시 문제를 정의하는 과정으로 돌아가서 반복한다.

TIP

데이터 분석의 과정에서 일반적인 개념 외에 적용 가능한 방법은 엑셀의 기능을 이용하는 것이다.

엑셀에서 제공하는 기본적인 기능 외에, 최적화 기법과 피벗 테이블 기능은 데이터 분석의 과정에서 적용해야 할 경우가 많다.

[최적화 기법 - 엑셀에 있는 기능]
제안된 여러 방법 중 가장 최적화된 방안을 찾아내는 방법이다.
데이터 분석 과정 중 문제의 분해 및 분석 단계에서 적용 가능하다.

[피벗 테이블 - 엑셀에 있는 기능]
주어진 자료 테이블에서 필요한 내용을 정리하여 새로운 자료 테이블을 만드는 방법이다.
데이터 분석 과정 중에서 문제의 평가 단계에서 적용 가능하다.

베이지안 통계 부분은 좀 더 중요하게 다루어야 하지만, 전체 내용의 밸런스 측면에서 생략되었다.

04

통계 분석

앞에서 데이터 분석이 무엇이고, 어떠한 절차를 거쳐서 수행되는지에 대한 과정을 살펴보았다.

이번에는 앞에서 수행한 데이터 분석을 기반으로 아래의 작업(=통계 분석을 수행하는 목적)을 수행하는 과정을 살펴본다.

다시 말하면, 통계 분석을 수행하는 목적은 데이터를 기반으로 아래의 작업을 수행하는 것이라고 할 수 있다.

[통계 분석을 수행하는 목적]

- 어떤 그룹, 집단, 형태 등의 "차이 검정"
- 요소와 요소간의 인과관계(=상관관계)의 파악

위의 두 목적을 달성하기 위하여 다양한 형태의 통계 기법들이 개발되어 왔으며, 개발되고 있다. 그 중에서 일반적으로 많이 사용되는 기법들을 목적에 맞추어 분류하면 다음과 같다.

[통계 분석을 위한 기법]

- 차이 검정 : T-test, Paired t-test, ANOVA
  프리드만 검정 / Wilks 검정 / Sign Test / 비율 검정 / 부호 검정 / MANOVA
- 인과관계 : 상관분석 / 일반 회귀 분석 / 비선형 회귀 분석
  곡선 추정 기법 / 로지스틱 회귀 분석 / 일반화 선형모형(GLM)
  일반화 추정 방정식(GEE) / 구조 방정식 모형

이번 **04**에서는 위에서 언급된 기법 중에서 대표적이며 많이 사용되는 것을 대상으로 선별하여 설명할 것이다. 대부분은 설명하겠지만, 비선형 회귀, 곡선 추정, GLM, GEE, 구조 방정식 모형과 같이 특이한 경우는 본서의 범위를 넘어서기 때문에 별도의 자료를 참고해야 할 것이다.

구조 방정식은 최근 크게 유형하고 있는 개념인데, 1개의 통계 분석 기법을 각자 독립적으로 적

용하면서 생기는 오차와 부정확을 개선하기 위하여 연관된 통계 기법을 종합적으로 적용함으로써 보다 정확한 결과를 얻을 수 있게 하는 기법이다.

즉, '구조 방정식 모형=상관 분석+회귀 분석+요인 분석'이라고 할 수 있다.

마지막으로 통계의 기법을 적용하기 위해서는 데이터의 유형이 중요하다. 데이터의 유형에 따라 적용되는 기법이 달라지게 된다.

[통계에서 사용되는 데이터의 유형]

- 범주형 데이터(Categorical Data) : 사전에 정해진 특정 유형으로 분류되는 데이터
  예 방의 크기를 대, 중, 소로 나누어 얻어진 데이터
- → 범주형 데이터는 명목형과 순서형으로 구분된다.
  - 명목형은 값들 간의 크기 비교가 불가능한 경우
    (**예** 정치적 성향을 좌파, 우파로 구분 저장한 것, 성별)
  - 순서형은 대, 중, 소와 같이 값에 순서를 둘 수 있는 경우
    (**예** 학생들의 성적, 방의 크기)

- 연속형 데이터(Continuous Data) : 정량적 데이터
- → 연속형 데이터는 등간척도와 비율척도로 구분된다.
  - 등간척도는 섭씨온도, 화씨온도, 시간 등을 말한다.
  - 비율척도는 키, 몸무게, 점수, 관찰빈도 등을 말한다.

참고로 두 데이터의 차이를 검증한다고 가정하면 연속형인 경우에는 t-test, ANOVA를 이용하고, 범주형인 경우에는 Chi-Square를 이용한다.

회귀 분석을 사용하는 경우에도 종속 변수가 연속형이면 선형 회귀 분석을 고려하고, 범주형이면 로지스틱 회귀나 순서(Order) 회귀를 고려한다.

마지막으로 이번 **04**의 설명은 통계 분석을 수행하는 절차에 맞추어 진행할 예정이며, 통계 분석을 수행하는 절차는 다음과 같다.

[통계 분석의 수행 절차]

- 데이터 수집 및 특성 파악
- 도수분포표와 히스토그램의 활용
- 데이터의 특성 상세화
- 대부분 2개 이상의 데이터 군이므로 분할표 작성
- 분석하기 전 데이터의 특성 파악을 위한 검정 수행 : 독립성 검정, 적합도 검정
- 본격적인 검정의 수행
  차이 검정 : T-test, ANOVA, 비율 검정, 부호 검정
  인과관계 : 상관 분석, 회귀 분석

■1 데이터의 수집 및 특성 파악

데이터를 수집하거나 특성을 파악하고자 한다면 데이터를 어떤 용도로 사용할 것인가가 중요하다. 그런 점에서 통계학의 용도를 분류해 보면 다음과 같다.

[통계학의 구분]

- 기술 통계 : 관측을 통해 얻은 데이터에서 그 데이터의 특징을 뽑아내기 위한 기술
  - **예** 인구조사, 토지조사
  - (사용되는 기술) 도수분포표, 히스토그램, 평균값, 표준편차

- 추리 통계 : 전체를 파악할 수 없을 정도의 큰 대상이나 아직 발생하지 않은 미래의 일에 대해 추측하는 기술
  - **예** 개표방송의 당선 확실, 주가예상, 금융/보험 상품의 가격 결정 기법

위의 분류를 기반으로 기술 통계에서 자주 사용되는 기술은 도수분포표, 히스토그램, 평균값, 표준편차에 대하여 정리한다. 추리 통계 부분은 회귀나 구조 방정식과 같은 기법에 의해서 수행된다.

[도수분포표와 히스토그램]

도수분포표와 히스토그램은 가장 많이 사용되는 통계 분석도구로서, 데이터의 특징을 파악하는 역할을 수행한다.

예로써, 아래에 주어진 자료를 살펴본다.

```
> x <- read.csv("salary.csv")   //salary.csv 파일을 읽는다. 3000개 정도의 레코드로 구성된다
> head(x)  //읽은 파일의 모습을 파악한다 (일부만 보여준다)
  X incentive salary negotiated gender year
1 1      4.3    9.5       TRUE      M 2005
2 2      5.7    9.9       TRUE      F 2006
3 3      7.9   17.0       TRUE      M 2007
4 4      6.2   12.0       TRUE      F 2008
5 5     10.2   14.0       TRUE      M 2009
6 6      7.0   11.0       TRUE      F 2005
```

3000개로 구성된 salary 파일을 보고, 당신은 무엇을 생각할 수 있는가? 주어진 자료에서 incentive나 salary 데이터를 어떻게 분석해야 할지, 파악하기 어렵다. 그래서, 주어진 자료에서 의미의 파악을 위해 고안된 기법이 도수분포표이고(도수분포표 : 주어진 데이터 구간으로 나누어 속한 데이터의 숫자를 정리한 표), 이것을 그림으로 표현한 것이 히스토그램이다.

```
> hist(x$salary)  # x 데이터 중에서 salary 부분을 가지고 히스토그램을 그린다
```

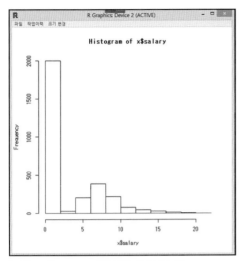

[그림 4.3] salary 데이터의 히스토그램

히스토그램을 보면, 주어진 데이터 중에서 salary 부분의 데이터에 대하여 많은 정보를 얻을 수 있다. 대부분이 0~2 사이에 있고, 5~10 사이에 부분적으로 집중해 있다는 것을 확인할 수 있다.

이런 분석을 기반으로 salary에 대한 통계 분석은 아래에서 제시된 방향으로 진행할 수 있을 것이다.

[salary 데이터의 통계 분석 방향]

- 앞쪽에 모여 있는 원인의 파악
- 중간에 5~10 사이에 분포하는 데이터의 특성 정리
- 15 이상의 salary가 미미한 이유
- 3 정도의 salary를 받는 사람이 적은 이유

위와 같은 접근 방식은 salary 외에 incentive나 다른 데이터에 대해서도 수행할 수 있고, 이런 결과를 기반으로 확보한 데이터의 특성과 분석 방향을 결정할 수 있다.

② 도수분포표와 히스토그램의 활용

[그림 4.4]와 같은 데이터가 수집되었다.

데이터의 개수가 3000개라고 가정한다면, 이 데이터를 통해 우리가 무엇을 얻을 수 있는가? 또한, 무언가를 얻으려면 어떻게 하면 될까?

이때, 가장 기본적인 분석이 다양한 히스토그램을 그려서 데이터의 특성을 살펴보는 것이다.

	A	B	C	D	E	F
1	종업원 식별	급여 인상률	급여 협상을 했는가?	성별	년도	
2	1	12.1	TRUE	M	2005	
3	2	8.9	TRUE	F	2006	
4	3	8.8	TRUE	M	2007	
5	4	7.1	TRUE	F	2008	
6	5	10.2	TRUE	M	2009	
7	6	7	TRUE	F	2005	
8	7	15.1	TRUE	M	2006	
9	8	16	TRUE	F	2007	
10	9	8.2	TRUE	M	2008	
11	10	10.5	TRUE	F	2009	
12	11	1.9	TRUE	M	2005	
13	12	9.7	TRUE	F	2006	
14	13	9.9	TRUE	M	2007	
15	14	13.4	TRUE	F	2008	
16	15	8.6	TRUE	M	2009	
17	16	5.3	TRUE	F	2005	

[그림 4.4] salary 자료의 모습

```
#R을 이용하여 히스토그램을 그리는 과정
> source("hfda.R")               # 파일 읽어 들이기
> ls()                           # 현재 시스템에 선언된 변수 리스트 보기
> emplyees                       # employees 변수의 내용 보이기
> summary(emplyees)              # employees 변수의 기본 통계치 보기
> sd(employees$인상률)           # 인상률의 표준편차 구하기
> hist(employees$인상률, breaks=50)   # 히스토그램 구하기
```

[히스토그램을 그려서 데이터를 분석하는 예]

주어진 데이터에서 연도별 인상률 히스토그램으로 그려본다.

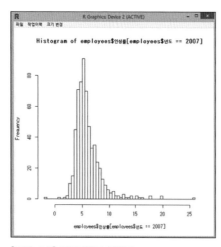

[그림 4.5] 2007년도 인상률

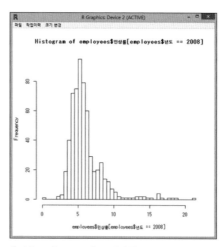

[그림 4.6] 2008년도 인상률

데이터만으로는 의미를 파악하기 어려웠던 것에서 연도별 인상률이 비슷하며 2008년도에 좀 더 다양한 인상률이 적용되었음을 알 수 있다.

이런 상황이라면, 2008년도에 왜 다양한 인상률이 적용되었는지에 대해 알아보는 것이 유용한 방향 중의 하나가 될 수 있다.

주어진 데이터에서 협상을 한 경우와 안 한 경우의 인상률을 히스토그램으로 표현하면 다음과 같다.

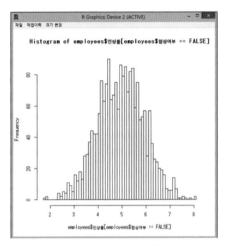

[그림 4.7] 협상을 한 경우의 인상률　　　[그림 4.8] 협상을 안 한 경우의 인상률

역시, 히스토그램만으로도 데이터의 중요 특성을 쉽게 파악할 수 있다.

③ 데이터의 특성 상세화

히스토그램이 보여주는 정보를 간단히 요약할 필요에 의해 만들어진 것이 "통계량"이며, 이것은 데이터의 특성을 상세화 하는 도구이다. 대표적인 통계량은 평균, 분산, 표준편차가 있다.

[평균값]

- 데이터가 균형을 이루는 지점이며 데이터의 합계를 총 개수로 나눈 값이다.
- 평균값은 주어진 데이터를 대표하는 값이라고 할 수 있다. 왜냐하면 일반적으로 평균값 근처에 있는 값들의 숫자가 가장 많기 때문이다.
  물론, 전부 그런 것은 아니다. 평균값이 전체 데이터를 대표하기 어려운 경우에는 다른 통계량을 이용할 수 있다.

[분산과 표준편차]

데이터가 흩어져 있는 상태를 추정하는 통계량은 분산과 표준편차가 있다. 분산에 루트를 적용한 것이 표준편차이다.

평균값은 데이터의 분포 중에서 대표적인 성격을 지닌 하나의 수를 꺼낸 것이지만, 이것만 가지고는 데이터가 어떻게 흩어져 있는지를 알 수 없다.

예 국민소득의 평균이 같은 100이라 해도, 국민의 대부분이 100을 벌어서 평균이 100되는 경우와, 50%는 10이하이고, 50%는 90이상을 벌어서 평균이 100되는 경우는 의미가 많이 다르다. 따라서 분산과 표준편차가 필요하다.

[표준편차로 알 수 있는 것]

- 한 데이터 세트 중에 있는 어떤 데이터 하나가 가지는 의미
  : 하나의 데이터가 평균에 표준편차를 더하고, 뺀 수치의 범위에 있으면 '평범한 데이터' 그 이외의 범위에 있으면 '특수한 데이터'라 할 수 있다.
- 여러 데이터 세트들을 서로 비교할 때 가지는 의미
  : 10번의 모의고사에서 X군은 평균 60점, 표준편차 10을 얻었고, Y군은 평균 50점, 표준편차 30을 얻었다.

X군이 안정적인 형태의 학생이지만, 합격점이 80인 학교는 갈수 없다고 판단하고 Y군은 점수 차가 큰 학생이지만, 합격점이 80인 학교도 갈 수 있다고 판단한다.

[응용 예]

주식 투자의 경우, 평균 수익률만 가지고는 정확하지 않다. 실제 수익률의 표준편차에 대해 정보를 파악하는 것이 중요하다.

④ 분할표 작성

수집된 데이터를 기반으로 분석을 하는 과정에서 히스토그램으로 데이터의 특성을 파악하고 평균/분산을 기반으로 데이터를 표현하는 과정은 통계학이 존재하는 가장 큰 이유이다.

이번에는 1개가 아닌 2개 이상의 데이터 군이 발췌되는 경우의 분석 과정에 대하여 정리한다.

이를 위한 첫 번째 단계가 데이터를 취합하는 것이다. 취합된 데이터는 데이터의 성격에 따라 분석을 위하여 정리를 하게 된다. 그 첫 번째 과정이 분할표를 만드는 것이다.

분할표(contingency table)는 데이터를 분류하는 통계 기법의 하나로서, 대상이 되는 데이터의 성격에 따라 명목형(Categorical) 또는 순서형(Ordinal) 데이터로 분류한 후에 도수(Frequency)를 표형태로 나타낸 것이다.

> 명목형 : 국가명, 혈액형 등과 같이 가능한 값이 제한되거나 고정된 경우
> 순서형 : 설문지의 고객 만족도 조사와 같이 순서가 지정된 경우

분할표가 작성되면 통계 분석을 수행하기 전에 수집되어 정리된 자료에 대하여 기본적인 검정을 수행하여 어떤 분석을 적용할 수 있는지 판단하게 된다.

이때, 수행하는 검정의 종류는 2가지이다.

● 독립성 검정

2개의 변수간에 의존 관계가 있는지를 검정하는 것
- 카이제곱 검정
- 피셔 검정 표본수가 적거나 분할표가 치우치게 분포된 경우에 적용

● 적합도 검정

변수의 도수가 특정 분포를 따르는 지를 검정하는 것
- 콜모고로프-스미노프 검정 : 두 데이터의 분포가 같은지 검정하는 것
- 샤피로윌크 검정 : 데이터의 분포가 정규분포인지 검정하는 것

[분할표의 제작]

분할표의 제작은 여러 가지 방법으로 할 수 있지만, R에 대해 공부하는 중이므로 R의 명령어를 이용하여 분할표를 생성하고, 간단한 조작을 실행하는 과정을 실습해보자.

아래의 예는 주어진 데이터에서 특정 문자의 출현 횟수를 기반으로 분할표를 작성하는 예

```
> table(c("a","b","a","d","e","d","a","c","a","b"))

    a b c d e
    4 2 1 2 1
```

table에 의해 만들어진 분할표이다(a가 4번 나왔고, b가 2번 나왔다는 의미).

아래의 예는 주어진 데이터를 기반으로 xtabs를 이용하여 분할표를 작성하는 예

```
> CTable <- data.frame( x = c("3","7","9","10"),
+     y=c("A1","B2","A1","B2"),
+     num=c(4,6,2,9))
```

위의 과정을 통하여 'CTable' 이라는 이름의 변수에 데이터가 생성된다. 생성된 데이터의 모습은 다음과 같다.

```
> CTable
     x  y num
  1  3 A1   4
  2  7 B2   6
  3  9 A1   2
  4 10 B2   9
>
```

생성된 CTable에서 num을 기준으로 분할표를 만드는데, 분할표를 만드는 기준은 x로 설정해 보고, y로도 설정해서 분할표를 만들어보자.

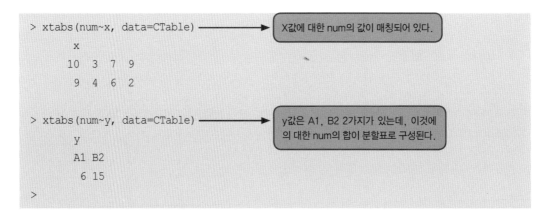

```
> xtabs(num~x, data=CTable) ──────▶  X값에 대한 num의 값이 매칭되어 있다.
       x
    10   3   7   9
     9   4   6   2

> xtabs(num~y, data=CTable) ──────▶  y값은 A1, B2 2가지가 있는데, 이것에
       y                              의 대한 num의 합이 분할표로 구성된다.
      A1 B2
       6 15
>
```

[분할표의 조작(margin.table 명령)]

```
> CTable <- data.frame( x = c("3","7","9","10"),
+     y=c("A1","B2","A1","B2"),
+     num=c(4,6,2,9))
>
> CTable
     x  y num
  1  3 A1   4
  2  7 B2   6
  3  9 A1   2
  4 10 B2   9
>
> Temp <- xtabs(num~x+y, data=CTable) ──▶  num의 값을 x와 y로 구성된 테이블에
>                                           넣는다. 즉, x가 3이고 y가 A1인 곳에
> Temp ──▶  margin.table 명령어에 적용할 데이터의 모습   는 4의 값을 넣는다. 나머지들도 동일
                                                      한 작업을 진행한다.
```

```
    y
x     A1 B2
   10  0  9  ───────▶   x가 10이고  y가 A1인 값은
    3  4  0              없다. y가 B2인 값은 9이다.
    7  0  6
    9  2  0
>
> margin.table(temp, 1)      #행에 대한 합(1이 행이라는 의미)
x
10  3  7  9
 9  4  6  2
>
> margin.table(temp, 2)      #열에 대한 합(2가 열이라는 의미)
y
A1 B2
 6 15
>
> margin.table(temp)         #전체 데이터의 합
[1] 21
```

5 데이터의 특성 파악을 위한 검정 수행

분석할 데이터를 확보하고 이것을 분할표의 형태로 만들었다면, 이제는 데이터의 분석을 위하여 특성을 분석할 단계이다.

분석할 내용은 "독립성 검정"과 "적합도 검정"이며, "독립성 검정"에는 "카이제곱 검정"과 "피셔 검정"이 있고, "적합도 검정"에는 "콜모고로프–스미노프 검정"과 "샤피로–윌크 검정"이 있다.

각 검정의 수행 단계를 R을 이용하여 수행해 보자.

[카이제곱 검정]

예로써 실행할 분석은 분할표를 구성하는 2개의 데이터 간에 의존 관계가 있는지를 검정하는 것이다. 당연히 카이제곱 검정을 적용한다.

● 사례

검정하려고 하는 가설은 'child1'과 'child2' 사이에 가지고 있는 장난감 비율의 차이가 있는가에 대한 검정이다. 즉, 분할표를 구성한 2개의 데이터 간에 관련이 있는지를 검정하는 것이다.

실무의 상황을 가정하여도 위의 예와 같은 검정은 많은 경우에 필요하다.

● 검정을 위한 데이터

```
      child1 child2
 car     5      4
truck    11     7
 doll    1      3
```

● 검정을 위한 데이터의 준비과정

데이터를 만드는 방법은 여러 가지가 있지만, 다음과 같이 입력한다.

```
> child1 <- c(5, 11, 1)
> child2 <- c(4, 7, 3)
> Toy <- cbind(child1, child2)          # 2개의 벡터를 결합하는 방법
> rownames(Toy) <- c("car", "truck", "doll") # 생성된 데이터에 이름을 부여하는 방법
```

최종적으로 완성된 데이터의 모습을 확인한다.

```
> Toy
      child1 child2
  car     5      4
truck    11      7
 doll     1      3
    >
```

● 카이제곱 검정의 실행

```
> chisq.test(Toy)
   Pearson's Chi-squared test

data:  Toy
X-squared = 1.7258, df = 2, p-value = 0.4219

Warning message
In chisq.test(Toy) : 카이 자승 근사는 부정확할지도 모릅니다.
```

> 마지막 줄의 경고가 나온 이유는 크기가 5 이하인 셀이 존재하기 때문이다.
>
> 이런 경우는 카이제곱 검정의 가정을 위반하는 것이기 때문에 피셔(Fisher)의 정확 검정을 실시해야 한다.

● 평가

관련이 있는지를 검정하는 것이므로,

귀무가설 : 관련이 없다.   대립가설 : 관련이 있다.

결론은 p값이 0.05보다 크기 때문에 관련이 없다고 결정한다.

[피셔 검정]

앞에서 카이제곱 검정을 사용했지만, 경고가 발생하였다. 그러므로 정확한 결과를 위해 피셔 검정을 실행한다(표본수가 적거나 분할표가 치우치게 분포된 경우에 적용).

● 피셔 검정의 실행

```
> fisher.test(Toy)

  Fisher's Exact Test for Count Data

  data:  Toy
  p-value = 0.5165
  alternative hypothesis : two.sided
```

● 평가

관련이 있는지를 검정하는 것이므로,

귀무가설 : 관련이 없다.   대립가설 : 관련이 있다.

피셔 검정의 결과 p-value가 0.05보다 크기 때문에 관련이 없다고 판정한다.

[콜모고로프–스미노프 검정]

콜모고로프–스미노프 검정(KS 검정)은 주어진 2개의 데이터가 같은 분포를 하는지를 검정하는 것이다.

2개의 데이터가 같은 분포를 하지 않으면 T-test나 ANOVA와 같은 통계 기법을 적용하는 것은 무리가 있다. 그러므로 T-test나 ANOVA와 같은 기법을 적용하려면, 주어진 데이터가 같은 분포를 하는지 파악해야 한다(=KS 검정).

이어서 주어진 데이터가 정규분포를 하는지를 검정해야 한다(=샤피로–윌크 검정). 데이터가 정규분포를 하지 않으면 T-test의 대상이 아니며, 다른 기법이 사용되어야 한다.

● 콜모고로프–스미토프 검정의 실행

```
> x <- rnorm(50)
> y <- runif(30)
> # Do x and y come from the same distribution?
> ks.test(x, y)

    Two-sample Kolmogorov-Smirnov test

  data :  x and y
  D = 0.42, p-value = 0.001826
  alternative hypothesis : two-sided
```

KS 검정은 분포가 같은지를 검정하는 것이므로, 귀무가설은 같지 않고 대립가설은 같다가 된다.

p의 값이 0.05보다 작으므로 대립가설을 채택해서 같다고 본다.

[샤피로–윌크 검정]

데이터가 정규분포를 하는지를 검정하는 방법이다.

● 샤피로–윌크 검정의 실행

```
> shapiro.test(rnorm(100, mean = 5, sd = 3))

    Shapiro-Wilk normality test

  data :  rnorm(100, mean = 5, sd = 3)
  W = 0.98401, p-value = 0.2689
```

샤피로–윌크 검정은 분포가 정규분포인지를 검정하는 것이므로

귀무가설(H0) : 정규분포를 한다, 대립가설(H1) : 정규분포를 하지 않는다가 된다.

p의 값이 0.05보다 크므로 귀무가설을 채택해서 정규분포를 한다고 본다.

1. 모집단에서 데이터를 뽑아내는 경우에 1개의 모집단에서만 뽑아내는 경우가 아니라 대부분의 경우 여러 상황에 따라 데이터를 뽑아내는 경우가 많다. 이 경우에 적용되는 것이 분할표이다.

2. 분할표의 형태로 구성된 데이터의 경우에 분석 과정을 수행하기 전에 아래의 단계를 거쳐야 한다.

   ■ 독립성 검정 : 2개의 변수 간에 의존 관계가 있는지를 검정하는 것
   - 카이제곱 검정
   - 피셔 검정 : 표본수가 적거나 분할표가 치우치게 분포된 경우에 적용

   ■ 적합도 검정 : 변수의 도수가 특정 분포를 따르는 지를 검정하는 것
   - 콜모고로프-스미노프 검정 : 두 데이터의 분포가 같은지 검정하는 것
   - 샤피로-윌크 검정 : 데이터의 분포가 정규분포인지 검정하는 것

TIP

독립성과 적합도의 검정에 사용될 수 있는 방법은 위의 내용 외에도 상황에 따라 많은 기법이 존재한다. 다만, 현재의 상태에서 위의 기법 정도만 이용한다고 하여도 큰 어려움은 없을 것이다.

05

데이터 분석에 사용되는 중요기법

앞에서 확보된 데이터를 기반으로 데이터의 특성을 파악하고, 통계 기법의 적용을 위해 필요한 검정을 수행하는 과정을 설명하였다.

이번에는 R을 사용하여 자주 사용되는 통계 기법의 사용 방법을 설명한다.

설명하는 전체 기법들을 큰 범주로 나누어서 분리해 보면 다음과 같다.

- 차이 검정 : 1개, 2개 또는 그 이상의 데이터 차이가 있다고 볼 수 있는지를 검정하는 것
  - T-test
  - ANOVA
  - 부호검정
  - 비율검정
- 인과관계
  - 상관 분석(Correlation analysis) : 변수와 변수 사이의 직선 관계를 상관계수를 이용해서 분석하는 통계적 기법
  - 회귀 분석(Regression analysis) : 실험이나 조사를 통해 얻은 자료를 이용하여 종속 변수와 독립변수 간의 관계를 모형화하여 분석하는 통계적 기법
- 인자, 주성분, 정준 상관 분석 : 주어진 자료를 대표하는 인자를 뽑아내거나 몇 개의 데이터를 대표할 수 있는 새로운 자료를 만들어내는 통계적 기법. 주로 사회 과학 데이터 분석에 많이 사용된다.

■ T-Test

R에서 제공하는 통계 기능 중에서 추정과 검정은 많이 사용되는 기능이다. 다양한 경우에 적용되므로 체계적으로 정리해 보자.

[t-test의 정리]

1개 또는 2개 집단의 평균을 비교하는 parametic Test(모수적 감정법)

- 평균을 비교하는 측정값이 정규분포를 하며, 평균이 그 집단의 대표값 역할을 실행
- 모수적 검정법은 아래의 내용 참조

    (outlier(이상점)이 있는 비 정규분포는 t 검정의 대상이 아니다)

t-test의 종류에는 표본이 1개인 경우와 표본이 2개인 경우가 있다.

표본이 2개인 경우

- 정규분포를 하는 자료(=모수적 검정)

    Two-sample t-test / Paired t-test

    (=짝지어진 값들 간의 차이를 구한 후 차이값들의 평균이 0인지 검정하는 것)

- 정규분포를 하지 않는 경우(=비모수적 검정)

    Two-sample t-test 대신에 Wilcoxon rank sum test(Mann-Whitney U test)

    Paired t-test 대신에 Wilcoxon signed rank test

    ※ t-test를 실행하기 전에 분석의 대상이 되는 데이터가 정규분포를 하는지를 검정해 보아야 한다. 이 결과를 기반으로 어떤 테스트를 해야 하는지가 결정되기 때문이다(정규분포에 대한 검정은 샤피로-윌크 검정을 이용).

[t-test 중 표본이 1개인 경우의 예 1]

● 상항

A회사의 건전지 수명시간이 1000시간일 때, 무작위로 뽑은 10개의 건전지에 대해 수명은 다음과 같다.

980, 1008, 968, 1032, 1012, 1002, 996, 1017 샘플이 모집단과 다르다고 할 수 있는가?

검정을 수행하기 전에 데이터가 정규분포를 하는지 파악해야 한다. 그러므로 샤피로-윌크 검정을 먼저 수행한다.

● 사전 작업

```
> a <- c(980, 1008, 968, 1032, 1012, 996, 1021, 1002, 996, 1017)
> shapiro.test(a)

   Shapiro-Wilk normality test
   data :  a
   W = 0.9757, p-value = 0.9382
```

● 사전 작업의 결과 분석

p-value가 0.05보다 높은 0.9382이다. 따라서 정규분포를 따르고, 이 데이터에 대해 t-test를 할 수 있다.

● t-test 수행

```
> t.test(a, mu=1000, alternative="two.sided")
```

a : 샘플 데이터 벡터, mu : 비교하는 대상의 평균이다.

alternative : '다르다' 를 보는 것으로, alternative는 two.sided가 된다(default 값이므로 입력을 안 한다).

● 실행 결과

```
data : a
t = 0.5269, df = 9, p-value = 0.611
alternative hypothesis : true mean is not equal to 1000
95 percent confidence interval:
989.4613 1016.9387
sample estimates:
mean of x
    1003.2
```

유의수준이 0.05로 판단할 경우, p-value가 0.05를 넘은 0.611이다. 그러므로 귀무가설을 채택한다.

귀무가설 : 같다(모집단의 평균이 1000시간이다).　　　대립가설 : 다르다.

이 건전지 회사는 무작위로 뽑은 10개 건전지 수명을 통해 원래 생산하는 건전지의 평균 수명은 1000시간이라는 것을 알 수 있다.

[t-test 중 표본이 1개인 경우의 예 2]

● 상황

3-1반의 학생들의 수학 평균성적은 55점이었다.

0교시 수업을 시행한 후, 학생들의 시험 성적은 다음과 같다.

58, 49, 39, 99, 32, 88 ,62 ,30 ,55, 65, 44, 55, 57, 53, 88, 42, 39

0교시 수업을 시행한 후, 학생들의 성적은 올랐다고 할 수 있는가?

● 사전 작업

```
> a <- c(58, 49, 39, 99, 32, 88, 62, 30, 55, 65, 44, 55, 57, 53, 88, 42, 39)
> shapiro.test(a)    #데이터가 정규분포를 하는지를 검정한다.

    Shapiro-Wilk normality test
    data : a
    W = 0.9114, p-value = 0.1058
```

● 사전 작업의 결과 분석

p-value가 0.05보다 높은 0.1058이다. 따라서 정규분포를 따르고, 이 데이터에 대해 t-test를 할 수 있다.

● t-test 실행

```
> t.test(a, mu=55, alternative="greater")
```

● 실행 결과

```
data : a
t = 0.239, df = 8, p-value = 0.4086
alternative hypothesis : true mean is greater than 55
95 percent confidence interval:
42.19295     Inf
sample estimates:
mean of x
56.88889
```

유의수준이 0.05로 판단할 경우, p-value가 0.05를 넘은 0.4086이다. 그러므로 귀무가설을 채택한다.

귀무가설 : 안올랐다(모집단의 평균이 55점이다).   대립가설 : 올랐다.

그러므로 성적이 오르지 않았다는 것을 알 수 있다.

[t-test 중 표본이 2개인 경우의 예 1]

2개의 표본에 대해 평균이 같다고 할 수 있는지, 아닌지에 대한 검정이다. 이번 예는 2개의 모집단이 정규분포를 한다는 가정하에 검정하는 경우이다. 이번 사례로 보면, 환자 10명을 상대로 혈압약을 먹지 않을 때와 먹었을 때의 혈압을 측정하고 이 두 자료의 평균이 같다고 할 수 있는지 검정하는 데 사용한다.

● 실행 사례

```
> pre <-c(13.2, 8.2, 10.9, 14.3, 10.7, 6.6, 9.5, 10.8, 8.8, 13.3)
> post <-c(14.0, 8.8, 11.2, 14.2,11.8, 6.4,9.8, 11.3, 9.3, 13.6)
> t.test(pre, post)

        Welch Two Sample t-test

data:  pre and post
t = -0.36891, df = 17.987, p-value = 0.7165
alternative hypothesis: true difference in means is not equal to 0
95 percent confidence interval:
 -2.745046  1.925046
sample estimates:
mean of x mean of y
    10.63     11.04
```

위의 사례에서 pre, post 자료는 일단 정규분포를 하는 지 검사해야 한다(**shapiro.test**).

정규분포를 하면 위의 자료 모습을 볼 때 관련된 집단으로 판단됨으로 **paired t-test**를 실행한다.

귀무가설 : 차이가 없다(평균이 같다).　　　　　　대립가설 : 차이가 있다.

p-value가 0.7165로 0.05보다 크므로 귀무가설을 채택, 평균이 같다고 본다.

[t-test 중 표본이 2개인 경우의 예 2]

2개의 표본에 대해 평균이 같다고 할 수 있는지, 아닌지에 대한 검증의 과정이다. 이번에는 2개의 모집단이 정규분포하는 것을 가정하지 않을 때 검증하는 경우이다.

● 앙케이트 결과표(5~1)

앙케이트의 결과인 A, B가 유의한 차이가 있는가?

	5	4	3	2	1	합계
A	8	11	9	2	3	33
B	4	6	10	8	4	32

```
> A <-c(rep(5,8), rep(4,11), rep(3,9),rep(2,2),rep(1,3))
> B <-c(rep(5,4), rep(4,6), rep(3,10), rep(2,8), rep(1,4))
> wilcox.test(A,B, exact=F, correct=F)

        Wilcoxon rank sum test

data:  A and B
W = 690, p-value = 0.02887
alternative hypothesis: true location shift is not equal to 0
```

귀무가설 : 유의한 차이가 없다.   대립가설 : 유의한 차이가 있다.

p-value가 0.05보다 작으므로 대립가설을 채택, 유의한 차이가 있다고 본다.

▋2 ANOVA

ANOVA는 1개 또는 2개 모집단을 대상으로 하면 t-test가 사용되지만, 2개 이상의 모집단의 상관관계가 있는지를 판단하는 기법으로 K개의 모집단의 평균을 이용하여 상관관계의 유무를 판단하는 방법이다.

귀무가설 : 평균이 같다.   대립가설 : 평균이 같지 않다.

[분석 사례]

```
# 상관관계의 분석을 위한 자료를 준비하는 과정
# R을 공부하는 중이므로, 일부러 여러 단계를 거쳐서 자료를 준비하는 과정을 보여준다

> xx <- c(1, 2, 3, 4, 5, 6, 7, 8, 9)
> yy <- c(1.09, 2.12, 2.92, 4.06, 4.90, 6.08, 7.01, 7.92, 8.94)
> zz <- c(1.10, 1.96, 2.98, 4.09, 4.92, 6.10, 6.88, 7.97, 9.01)
>
> mydata <-c(xx,yy,zz)   # 벡터형으로 자료를 생성함
>
> mydata
  [1] 1.00 2.00 3.00 4.00 5.00 6.00 7.00 8.00 9.00 1.09 2.12 2.92 4.06 4.90
```

```
   [15] 6.08 7.01 7.92 8.94 1.10 1.96 2.98 4.09 4.92 6.10 6.88 7.97 9.01
>
> # 벡터로 된 자료를 다시 3개로 분리하는 과정

> group <-c(rep(1,9), rep(2,9), rep(3,9))  #처음 9개를 1로, 다음 9개를 2, 다음 9개를 3
>
> group
  [1] 1 1 1 1 1 1 1 1 1 2 2 2 2 2 2 2 2 2 3 3 3 3 3 3 3 3 3
>
> oneway.test(mydata~group, var=T)   # mydata를 3개로 그룹지어서 평균이 같은지 검증

        One-way analysis of means

        data :  mydata and group
        F = 6.526e-06, num df = 2, denom df = 24, p-value = 1

>
```

ANOVA 분석의 결과 p-value가 1이므로 0.05보다 크기 때문에 평균이 같다고 판단한다.

③ 부호 검정

2개의 데이터 사이에 차이가 있는지 검정하는 것이다. 예를 들어 식사를 하기 전과 후에 자사의 음료수 맛에 대한 평가가 같은지, 다른지는 제품의 마케팅을 주관하는 담당자에게는 매우 중요한 일이다.

이런 경우, 밥을 먹기 전·후에 자사 음료수 제품에 대한 맛의 평가를 사용자로부터 받은 후에 검증 작업을 실행하여 판단할 수 있다.

● 식사와 음료수 맛에 대한 평가의 관계

음료수 맛에 대한 평가 : 5점 만점, 높을수록 좋음

	A	B	C	D	E	F	G	H	I	J
식사 전 만족도	4	1	1	4	3	3	2	5	3	3
식사 후 만족도	1	1	3	2	5	1	4	4	3	1
전 − 후	−	0	+	−	+	−	+	0	0	−

● 분석 과정

```
R R Console                                              ⬛ ⬛ ⬛
> x <- c(4, 1,1,4,3,3,2,5,3,3)
> y <- c(1,1,3,2,5,1,4,4,3,1)
>
> binom.test(c(length(x[x>y]), length(x[x<y])))

        Exact binomial test

data:  c(length(x[x > y]), length(x[x < y]))
number of successes = 5, number of trials = 8, p-value = 0.7266
alternative hypothesis: true probability of success is not equal to 0.5
95 percent confidence interval:
 0.2448632 0.9147666
sample estimates:
probability of success
                 0.625

> |
```

● 평가

귀무가설 : 유의한 차이가 없다.   대립가설 : 유의한 차이가 있다.

p-value가 0.05보다 크므로 귀무가설을 채택, 유의한 차이가 없다고 본다.

4 비율 검정

2개의 데이터 사이에 비율의 차이가 있는지에 대한 것을 검정한다. 이것은 두 지역에서 특정 제품에 대해 선호도 차이가 있는지에 대한 것을 통계적으로 분석해 보기 위해 사용한다.

● A사의 맥주에 대한 평가

"○○○ 맥주를 좋아하시나요?"라는 질문에 서울에서는 400명 중 360명, 부산에서는 200명 중 136명이 좋아한다고 답변했다면, 둘의 비율 차이가 있다고 할 수 있는가?

● 분석 과정

```
R R Console                                              ⬛ ⬛ ⬛
> hite <- c(360, 136)
> sample <- c(400, 200)
> prop.test(hite, sample)

        2-sample test for equality of proportions with continuity
        correction

data:  hite out of sample
X-squared = 43.515, df = 1, p-value = 4.207e-11
alternative hypothesis: two.sided
95 percent confidence interval:
 0.14523 0.29477
sample estimates:
prop 1 prop 2
 0.90   0.68

> |
```

● 평가

귀무가설 : 유의한 차이가 없다.　　　　　대립가설 : 유의한 차이가 있다.

p-value가 0.05보다 작으므로 대립가설을 채택, 유의한 차이가 있다고 본다.

⑤ 상관관계 분석

인과관계의 분석에 사용되는 기법이다. 상관관계 분석과 회귀 분석이 주로 적용된다.

실무에서 통계를 사용하는 경우에 상관관계 분석이 많이 사용되는데, 대표적인 예가 담배값의 인상이 흡연에 미치는 영향을 분석하는 경우에, 담배값 인상 전의 월별 매출액 자료와 인상 후의 월별 매출액 자료를 조사하여 정리한 후에 이들간의 상관관계가 있는지 여부를 판단하면 담배값의 인상이 흡연에 미치는 영향을 분석할 수 있다.

다음과 같은 2건의 데이터 간에 상관관계가 있는지의 여부를 판별하라.

● 데이터의 준비

```
> x <-c(70, 72, 62, 64, 71, 76, 0,65,74,72)
> y <-c(70,74, 65, 68, 72, 74, 61, 66, 76, 75)
```

● 상관관계 분석의 시행

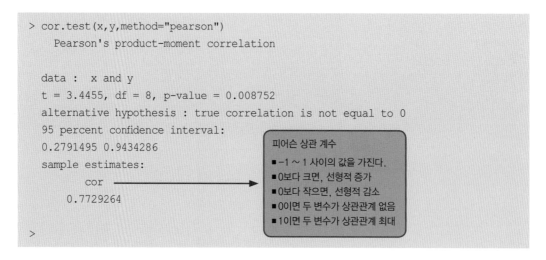

```
> cor.test(x,y,method="pearson")
    Pearson's product-moment correlation

  data :  x and y
  t = 3.4455, df = 8, p-value = 0.008752
  alternative hypothesis : true correlation is not equal to 0
  95 percent confidence interval:
  0.2791495 0.9434286
  sample estimates:
        cor
     0.7729264

>
```

피어슨 상관 계수
- -1 ~ 1 사이의 값을 가진다.
- 0보다 크면, 선형적 증가
- 0보다 작으면, 선형적 감소
- 0이면 두 변수가 상관관계 없음
- 1이면 두 변수가 상관관계 최대

귀무가설 : 상관관계가 없다.　　　　　대립가설 : 상관관계가 있다.

P값이 0.05보다 작으므로 대립가설을 채택한다. 그러므로 상관관계가 있다고 판단한다.

⑥ 회귀 분석(Regression)

회귀 분석은 하나 또는 둘 이상의 독립 변수가 한 단위 증가할 때 그것이 종속 변수에 미치는 영향을 측정하기 위한 통계적 예측 모형이다. 즉, 독립 변수의 값에 대응하는 종속 변수의 값을 예측하고자 하는 분석 방법이다.

회귀 분석은 1개의 독립 변수를 사용하는 단순 선형 회귀 분석(linear simple regression analysis)과 여러 개의 독립 변수를 사용하는 다중 회귀 분석(multiple regression analysis : 다중 회귀 분석)이 있다.

회귀 분석은 논문을 쓸 때나 마케팅 분석을 하는 경우에 자주 사용되는 통계 기법이다. 시간에 따라 변화하는 데이터나 어떤 영향, 가설에 근거한 결과의 예측, 원인과 결과의 모델링 등의 통계적 예측에 사용된다.

이번 장에서는 단순 선형 회귀 분석에 대하여 다루게 되고, 다음 장에는 다중 회귀 분석에 대하여 다루게 된다. 전체적인 설명은 앞에서 배웠던 통계 기법의 복습을 겸해서 주어진 데이터를 기반으로 단계별로 분석하면서 최종적으로 회귀의 가치와 분석 방법을 단계별로 설명하도록 한다.

[분석에 사용할 데이터의 준비]

분석에 사용할 데이터를 읽어 온다.

```
> setwd("c:/workLog/r")              # 사용할 디렉터리를 설정한다
> salary <-read.csv("salary.csv")    # 데이터를 읽어오고 콤마로 분리된 파일이다 (csv)
>
> # 데이터 중에서 incentive는 인센티브 증가율이고, salary는 급여 증가율이다
> # negotiated는 급여 인상에 대한 협의를 했는지를 표시한다
>
> head(salary)                       # 데이터의 앞부분 내용을 일부 확인한다
  X incentive salary negotiated gender year
1 1       4.3    9.5       TRUE      M 2005
2 2       5.7    9.9       TRUE      F 2006
3 3       7.9   17.0       TRUE      M 2007
4 4       6.2   12.0       TRUE      F 2008
5 5      10.2   14.0       TRUE      M 2009
6 6       7.0   11.0       TRUE      F 2005
```

```
> tail(salary)                              # 데이터의 뒷부분 내용을 일부 확인한다
        X incentive salary negotiated gender year
2995 2995       3.3      0      FALSE      M 2009
2996 2996       5.2      0      FALSE      F 2005
2997 2997       4.2      0      FALSE      M 2006
2998 2998       4.6      0      FALSE      F 2007
2999 2999       4.2      0      FALSE      M 2008
3000 3000       5.1      0      FALSE      F 2009
>
```

읽어온 데이터에 대해 간단하게 정리하면 다음과 같다.

- 각 직원들의 급여에 대한 데이터이다.
- 인센티브(incentive) 증가율, 월급(salary) 증가율, 협상을 했는지, 성별, 년도의 항목으로 데이터가 구성되어 있다.

이제 주어진 데이터를 기반으로 분석을 수행해 보자.

[분석하기 전에 데이터의 특성 파악]

데이터가 가지는 특성을 파악하기 위해서는 기본 통계량과 히스토그램, 산포도 등의 기법을 사용하는 것이 분석의 시작이다.

● 주어진 데이터에 대한 기본 통계량의 확인

```
> summary(salary$incentive)    # 데이터 중, incentive에 대한 통계량
   Min. 1st Qu.  Median    Mean 3rd Qu.    Max.
  -1.80    4.60    5.50    6.02    6.70   25.90


> summary(salary$salary)       # 데이터 중, salary에 대한 통계량
   Min. 1st Qu.  Median    Mean 3rd Qu.    Max.
  0.000   0.000   0.000   2.661   6.100  21.300
>
```

● 중요 데이터(incentive, salary)를 대상으로 데이터 특성 파악(히스토그램 사용)

```
>hist(salary$incentive)
```

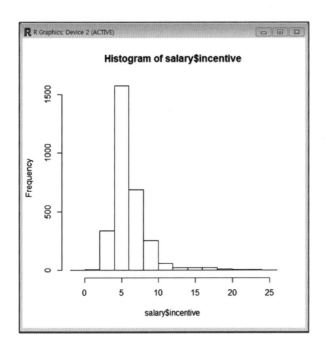

salary에서 인센티브 데이터를 보면, 평균 증가율이 5 부근에 집중되어 있다는 것을 알 수 있다.

그리고, 인센티브 증가율은 대부분 10 이하에 위치하고 있다.

이것이 인센티브 데이터가 가지는 특징이다.

```
>hist(salary$salary)
```

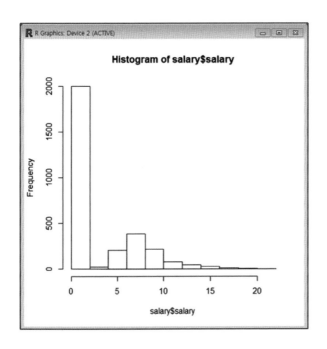

salary에서 급여(salary)의 증가율은 대부분 2-3 정도에 모여 있고, 7-8 정도의 증가율도 약간 가지고 있다.

Salary의 증가율은 10% 이내에 대부분의 데이터가 모여 있다.

인센티브와 salary 데이터가 가지는 특징이 다르다는 것을 히스토그램을 통해 파악할 수 있다.

[분석의 방향 설정 : 미래의 예측]

앞에서 분석된 내용을 기반으로 주어진 데이터에 대한 분석의 방향을 incentive와 salary의 관계를 이용한 예측으로 잡았다(필자가 임의로 규칙을 정함).

방향이 incentive와 salary의 관계를 활용한 것으로 잡았다면, 둘 사이의 관계에 대한 분석이 있어야 한다. 즉, incentive가 독립 변수이고 salary가 종속 변수가 된다. 이것의 의미는 우리가 분석하는 것은 incentive의 변화가 salary에 얼만큼 영향을 미치는 지를 분석하겠다는 뜻이다.

이 경우 산포도를 이용하여 incentive와 salary의 관계에 대하여 분석해 보자.

```
> plot(salary$incentive[salary$negotiated==TRUE], salary$salary[salary$negotiat
+ e==TRUE])
```

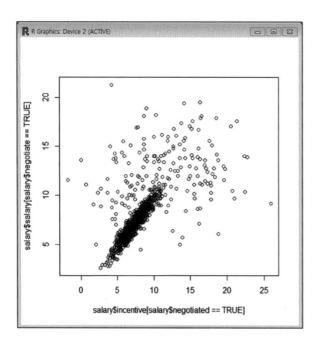

그려진 산포도를 보면 인센티브의 증가가 3~10 사이에 있다면 급여의 증가와 밀접한 관련이 있다는 것을 알 수 있다.

위의 산포도를 근거로 나의 인센티브(독립 변수)가 5% 증가한다면, 급여(종속 변수)는 몇 % 증가할 지에 대한 예측을 할 수 있는데, 이것을 회귀 분석이라고 한다.

[회귀 분석의 수행]

R에서 회귀 분석의 수행은 'lm' 명령어를 사용한다. 주어진 예에서는 incentive와 salary간의 관계를 이용한 회귀 분석을 수행하게 된다. 다만, 주어진 데이터가 negotiated에 따라 다를 수 있으므로, 분석을 수행할 때는 negotiated가 TRUE인 것을 대상으로 한다(FALSE인 것을 대상으로 할 수도 있다).

```
> head(salary)
  X incentive salary negotiated gender year
1 1      4.3    9.5      TRUE      M 2005
2 2      5.7    9.9      TRUE      F 2006
3 3      7.9   17.0      TRUE      M 2007
4 4      6.2   12.0      TRUE      F 2008
5 5     10.2   14.0      TRUE      M 2009
6 6      7.0   11.0      TRUE      F 2005
>
> #  incentive와 salary간의 상관 분석을 수행해서, 연관성을 알아본다
> #  분석의 대상은 협상한 사람이다(negotiated==TRUE)
> cor(salary$incentive[salary$negotiated==TRUE], salary$salary[salary$negotiate
+ d==TRUE])
[1] 0.6591573
>
> #  incentive와 salary간의 회귀 분석 수행
> salaryLM <-lm(incentive[negotiated==TRUE]~salary[negotiated==TRUE],
+ data=salary)
> salaryLM     # 회귀 분석한 결과의 확인

Call:
lm(formula = incentive[negotiated == TRUE] ~ salary[negotiated ==
    TRUE], data = salary)

Coefficients:
          (Intercept)   salary[negotiated == TRUE]
                2.365                        0.715

>
```

주어진 데이터 중에서 incentive와 salary간의 연관성을 파악하기 위하여 2개의 데이터를 대상으로 회귀를 수행한 결과는 0.66의 연관 관계가 있음을 알 수 있다(연관성이 높지 않으므로 회귀 분석을 계속 진행하는 것이 무리이기는 하지만, 여러 가지를 설명하려고 준비한 것이니, 일단 진행해 보자).

그리고, 연관 관계를 기반으로 미래의 예측을 위한 선형 함수를 구하면 y=2.365 + 0.715X로 표현할 수 있다. 그러므로 인센티브를 3% 받았다면 급여는 2.365+0.715 X 3으로 표현할 수 있어서 급여는 4.5% 증가될 것으로 예상할 수 있다.

[회귀 분석의 의미 파악]

앞에서 회귀 분석을 통하여 미래의 예측을 위한 선형함수를 구하였다. 그것의 의미를 그림으로 표현하면 다음과 같다.

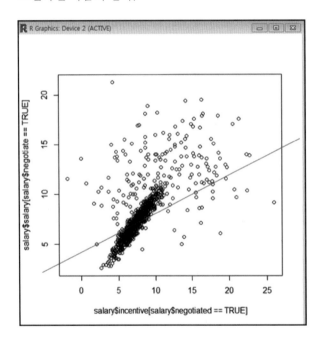

위의 그래프에서 확인할 수 있지만, incentive와 salary의 연관성은 66% 정도이므로 incentive의 값을 통해 salary의 값을 정확하게 구하기는 어려울 것으로 예상된다. 하지만, 본 예를 통하여 회귀 분석이 가지는 의미와 절차 그리고 사용되는 R 명령어를 파악할 수 있다.

참고로 위의 그래프와 같은 경우에는 incentive가 2~10인 경우에는 어느 정도 정확한 salary의 예측이 가능할 것으로 보여지고, 그 이상인 경우에는 두 데이터 간의 연관성이 너무 없어서 정확성이 많이 떨어질 것으로 보여진다. 산포도를 그려서 두 인자 사이의 관계를 살펴보고, 둘의 관계가 선형 관계이면 앞에서 설명한 예와 같이 선형 함수에 의해 예측하면 되고, 둘의 관계가 다른 모양인 경우에는 선형 함수에 의한 예측과는 다른 함수를 사용할 수 있다(다른 함수의 사용에 대한 것은 잘 사용되지 않는다).

[회귀 분석의 활용]

이번에는 회귀 분석의 활용에 대한 설명이다.

설명을 위해 준비한 과제는 인센티브가 3% 상승했을 때, 내가 받을 급여를 예측하는 것이 아니라, 내가 받을 급여의 범위를 예측하는 것이다.

해결을 위하여 이미 수행한 회귀 분석의 결과를 출력해 보자.

```
> summary(salaryLM)    # 회귀 분석의 결과를 정리하여 보여주는 명령어

Call:
lm(formula = incentive[negotiated == TRUE] ~ salary[negotiated ==
    TRUE], data = salary)

Residuals:
     Min      1Q  Median      3Q     Max
-13.3945  -0.5826  -0.0541  0.4149  16.9573

Coefficients:
                            Estimate Std. Error t value Pr(>|t|)
(Intercept)                  2.36453    0.21865   10.81   <2e-16 ***
salary[negotiated == TRUE]   0.71502    0.02582   27.69   <2e-16 ***
---
Signif. codes:  0 '***' 0.001 '**' 0.01 '*' 0.05 '.' 0.1 ' ' 1

Residual standard error : 2.309 on 998 degrees of freedom
Multiple R-squared : 0.4345,     Adjusted R-squared : 0.4339
F-statistic : 766.8 on 1 and 998 DF,   p-value : < 2.2e-16

>
```

위의 자료를 보면 incentive와 salary는 연관 관계를 기반으로 미래의 예측을 위한 선형 함수를 구하면 y=2.365 + 0.715X로 표현할 수 있다. 이때, 2.365, 0.715는 위의 ***에서 확인할 수 있듯이 유의하고, 의미가 있는 숫자이다(위에서 Signif. Codes를 참고).

인센티브를 3% 받았다면 급여는 2.365+0.715 X 3으로 표현할 수 있어서 4.5% 증가될 것으로 예상할 수 있다. 여기에 추가하여 'Residual Standard error : 2.309' 이므로 대략 2.3%의 오차가 있다. 그러므로 인센티브를 3% 받았다면, 4.5%의 급여 증가가 예상되고, 받을 급여의 범위는 6.8 ~ 2.2% 사이가 될 것으로 예상된다.

[회귀 분석의 정확도를 높이기 위한 작업]

회귀 분석을 위해 사용한 데이터의 산포도를 살펴보면 incentive가 10 이하인 경우와 10 이상인 경우로 나누어서 분석하면 좀 더 정확한 예측이 가능할 것으로 판단된다(175쪽의 incentive, salary 산포도 참조).

이런 경우에 R에서 어떻게 처리하는지 아래의 예를 살펴보자.

```
> # incentive가 10보다 작은 경우를 대상으로 회귀 분석을 수행한다
> salaryLM10 <- lm(incentive[negotiated==TRUE & incentive < 10] ~
+  salary[negotiated==TRUE & incentive < 10], data=salary)
> salaryLM10   # 수행한 결과를 본다
Call:
lm(formula = incentive[negotiated == TRUE & incentive < 10] ~
    salary[negotiated == TRUE & incentive < 10], data = salary)


Coefficients:
                                (Intercept)   salary[negotiated == TRUE &
incentive < 10]
                                      4.5919
0.3436


> # incentive가 10보다 큰 경우를 대상으로 회귀분석을 수행한다
> salaryLM20 <- lm(incentive[negotiated==TRUE & incentive >= 10] ~
+ salary[negotiated==TRUE & incentive >= 10], data=salary)
> salaryLM20

Call:
lm(formula = incentive[negotiated == TRUE & incentive >= 10] ~
    salary[negotiated == TRUE & incentive >= 10], data = salary)


Coefficients:
                                (Intercept)   salary[negotiated == TRUE &
incentive >= 10]
```

```
                               10.6783      0.2554

>
```

위의 결과를 기준으로 incentive가 10 이하이면 y= 4.6 + 0.34X식으로 표현할 수 있고, incentive 가 10 이상이면 y=10.68+0.26X로 표현할 수 있다. incentive 값에 따라서 적용하는 식을 달리함 으로써 결과에 대한 정확도가 상승된다. 제공된 데이터에 근거하는 경우에는 incentive가 10 이하 인 경우에 대해서만 회귀식을 사용하고, 10 이상인 경우에는 선형 회귀 외에 다른 식을 사용하는 것이 예측의 정확성을 높이게 될 것이다.

[회귀 분석의 또 다른 사례]

다음에는 회귀 분석을 수행하는 다른 경우를 R에서 수행한 순서대로 나열해 본다. 앞의 내용에 대한 이해를 높이는데 크게 도움이 될 것으로 기대한다(설명을 위하여 regression.csv 데이터 파 일을 사용한다).

```
>
> setwd("c:/workLog/R")                  # 작업할 디렉터리의 설정
> reg <- read.csv("regression.csv")      # 데이터 파일을 읽는다
> head(reg)   # 데이터 파일의 모양을 확인한다. 나이, 키, 몸무게로 이루어진 데이터다
         age height weight
1    0~3개월   59.1    5.9
2    3~6개월   66.7    8.0
3    6~9개월   71.4    8.9
4   9~12개월   75.0   10.1
5  12~18개월   80.1   10.9
6        2세   87.8   13.2
> tail(reg)
         age height weight
26   30~34세  171.3   71.5
27   35~39세  170.7   72.3
28   40~49세  168.6   70.6
29   50~59세  166.1   69.1
30   60~69세  164.4   65.9
31  70세 이상  162.4   61.1
```

```
>  #  통계 분석을 위하여 데이터의 특성을 파악할 필요가 있다.  회귀 분석을 수행할 생각이므로
>  #  산점도를 그려서 데이터의 모양을 본다.
>  #  데이터의 특성상, 키와 몸무게를 중심으로 산점도를 그린다
>
> plot(reg$height~reg$weight, main=" 평균 키와 몸무게", xlab="키",ylab="몸무게")
>
```

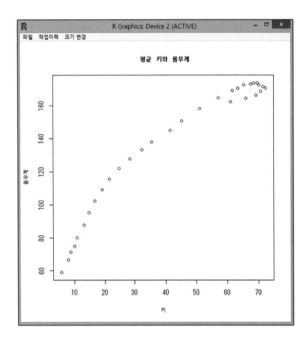

```
>  #  산점도를 보면, 키와 몸무게 사이에 선형 관계가 있어 보인다. 그러므로, 이미 우리가
>  #  배운 선형 관계를 적용하면 의미가 있는 예측이 가능할 것 같다
> cor(reg$height, reg$weight)   # 두 변수 간의 상관관계를 확인한다
[1] 0.9672103
>
>  # 두 변수 간의 상관관계가 아주 높으므로 회귀 분석을 적용하면 좋은 결과가 기대된다
>  # 두 변수를 대상으로 회귀 분석을 수행한다
>  # 이때, 독립 변수는 키로 하고, 종속 변수는 몸무게로 한다.
>  # 만약, 몸무게의 변화에 대한 키의 변화가 궁금하다면, 독립 변수와 종속 변수를 바꾼다
>
> r <- lm(reg$height~reg$weight)
```

```
> # 회귀 분석이 수행된 결과로 구해진 회귀식을 기존의 산점도에 추가로 표시한다
> # R은 새로 그림을 그리는 것과 기존 그림 위에 추가로 그림을 그리는 방법
> # 두 가지를 지원한다.
> abline(r)      # 기존 그림 위에 회귀 라인을 추가한다
>
```

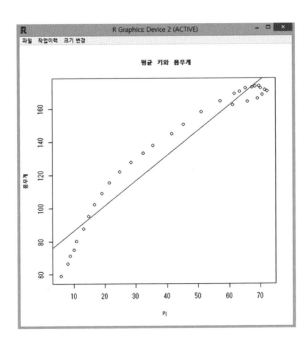

```
> summary(r)    # 회귀 분석의 결과를 확인한다

Call:
lm(formula = reg$height ~ reg$weight)

Residuals:
     Min       1Q   Median       3Q      Max
-20.8266  -7.9450  -0.6153   9.3139  13.4815


Coefficients:
             Estimate Std. Error t value Pr(>|t|)
(Intercept)  70.9481     3.6366   19.51   <2e-16 ***
reg$weight    1.5218     0.0742   20.51   <2e-16 ***
```

```
---
Signif. codes :  0 '***' 0.001 '**' 0.01 '*' 0.05 '.' 0.1 ' ' 1

Residual standard error : 9.999 on 29 degrees of freedom
Multiple R-squared : 0.9355,      Adjusted R-squared : 0.9333
F-statistic : 420.6 on 1 and 29 DF,  p-value : < 2.2e-16


>
```

위의 분석 결과를 기반으로 보면,

회귀식은 y=70.9418 + 1.5218*X이고, Multiple R-squared가 0.9355이므로 추정 회귀선의 관측값을 약 93% 설명할 수 있다는 것을 보여주고 있다.

7 다중 회귀 분석

독립 변수가 1개 있는 선형 회귀 분석(linear regression)에 대하여 공부하였다. 이번에는 독립 변수가 2개 이상 있는 경우에 사용하는 다중 회귀 분석(multiple regression)에 대하여 공부하도록 하자.

다중 회귀 분석의 기본적 접근 방식은 분석의 대상이 되는 모든 독립 변수를 넣고 회귀식을 구성한다. 그 다음에 종속 변수에 대한 기여도가 낮은 변수부터 하나씩 제거해 나가는 것이다. 그래서, 최종적으로 종속 변수에 대한 기여도가 높은 변수들로 구성된 회귀식을 완성한다. 이것을 backward elimination 방식이라고 한다.

참고로 독립 변수를 제거하는 방식은 "단계 선택법", "전진 선택법", "후진 선택법", "제거법", "전체 입력법" 등 다양한 방식이 있지만, 본서에서는 가장 일반적으로 사용되는 후진 선택법을 설명한다.

[다중 회귀 분석을 위한 사전 작업]

다중 회귀 분석을 위한 attitude라는 데이터를 사용한다. attitude 데이터는 rating에 영향을 미치는 요소들(complaints, privileges, learning, raises, critical, advance)을 각 개인별로 조사한 자료이다.

그러므로, 우리는 rating이라는 종속 변수에 영향을 미치는 독립 변수인 complaints, privileges, learning, raises, critical, advance 중에 의미가 있는 것을 찾아서 회귀식을 만들려고 한다.

먼저, 데이터의 모습을 확인해 보자.

```
>
> head(attitude)
  rating complaints privileges learning raises critical advance
1     43         51         30       39     61       92      45
2     63         64         51       54     63       73      47
3     71         70         68       69     76       86      48
4     61         63         45       47     54       84      35
5     81         78         56       66     71       83      47
6     43         55         49       44     54       49      34
> tail(attitude)
   rating complaints privileges learning raises critical advance
25     63         54         42       48     66       75      33
26     66         77         66       63     88       76      72
27     78         75         58       74     80       78      49
28     48         57         44       45     51       83      38
29     85         85         71       71     77       74      55
30     82         82         39       59     64       78      39
>
```

확인된 데이터를 이용하여 다중 회귀 분석을 수행한다. 분석을 위한 명령어는 선형 회귀와 같이 lm 을 사용한다.

```
> # 다중회귀의 수행. 종속 변수가 rating이라는 것을 명시하고 있다
> model <- lm(rating ~. ,data=attitude)
> model# 분석된 결과의 확인

Call:
lm(formula = rating ~ ., data = attitude)

Coefficients:
(Intercept)   complaints    privileges      learning       raises      critical
advance
   10.78708      0.61319      -0.07305       0.32033      0.08173      0.03838
-0.21706

> summary(model)   # 분석된 결과의 요약
```

```
Call:
lm(formula = rating ~ ., data = attitude)

Residuals:
     Min      1Q  Median      3Q     Max
-10.9418  -4.3555  0.3158  5.5425  11.5990
```

Coefficients:

```
            Estimate Std. Error t value Pr(>|t|)
(Intercept) 10.78708   11.58926   0.931 0.361634
complaints   0.61319  0.16098    3.809 0.000903 ***
privileges  -0.07305    0.13572  -0.538 0.595594
learning     0.32033    0.16852   1.901 0.069925 .
raises       0.08173    0.22148   0.369 0.715480
critical     0.03838    0.14700   0.261 0.796334
advance     -0.21706    0.17821  -1.218 0.235577
---
Signif. codes :  0 '***' 0.001 '**' 0.01 '*' 0.05 '.' 0.1 ' ' 1

Residual standard error : 7.068 on 23 degrees of freedom
Multiple R-squared : 0.7326,    Adjusted R-squared : 0.6628
F-statistic :  10.5 on 6 and 23 DF,  p-value : 1.24e-05

>
```

위의 분석 결과를 정리하면 다음과 같다.

● Coefficients의 값을 보면, 회귀에서와 같이 예측을 위한 식을 구성할 수 있다.

　➜ 예측을 위한 식

```
y=10.78 + 0.61*com + (-0.07)*pri +0.32*learn+0.08*rai+0.3*cri+(-0/21)*adv
```

● summary 결과에서 확인할 수 있듯이,

　p 값이 0.05보다 작으므로(0.000012) 통계적으로 의미가 있어서, 이것을 이용하면 예측이 가능하고 예측의 정확성은 Adjusted R-squared 값인 66%이다.

● 각 항목별 평가치(=Coefficents의 각 항목의 오른쪽 무늬)를 보면 compliants와 learning만 유의하다고 판단된다(=0.05보다 작다).

```
<별표의 의미> 별이 많을수록 유의하다
***          : 0 ~ 0.001
**           : 0.001 ~ 0.1
*            : 0.01 ~ 0.05
.            : 0.05 ~ 0.1
표시없음 : 0.1 ~
```

그러므로, 유의하지 못한 항목을 제거하고 통계적 정확성을 높이기 위한 과정을 진행한다.

[기여도가 낮은 독립 변수의 제거 과정]

다중 회귀 분석에서 기여도가 낮은 항목을 제거함으로써 의미있는 회귀식을 구성하는데, 이때 사용되는 R의 명령어가 step이다.

```
> reduced <- step(model, direction="backward")
Start :  AIC=123.36                          ← 모든 독립 변수 고려
rating ~ complaints + privileges + learning + raises + critical + advance

              Df Sum of Sq     RSS     AIC
- critical     1       3.41  1152.4  121.45
- raises       1       6.80  1155.8  121.54
- privileges   1      14.47  1163.5  121.74
- advance      1      74.111223.1  123.24
<none> 1149.0 123.36
- learning     1     180.50  1329.5  125.74
- complaints   1     724.80  1873.8  136.04


Step :  AIC=121.45                    ← critical을 제외한 모든 독립 변수 고려
rating ~ complaints + privileges + learning + raises + advance

              Df Sum of Sq    RSS     AIC
- raises       1      10.61  1163.0  119.73
- privileges   1      14.16  1166.6  119.82
- advance      1      71.27  1223.7  121.25
<none>1152.4 121.45
- learning     1     177.74  1330.1  123.75
- complaints   1     724.70  1877.1  134.09
```

```
Step :  AIC=119.73
```
raises, critical을 제외한 모든 독립 변수 고려
```
rating ~ complaints + privileges + learning + advance

            Df Sum of Sq    RSS    AIC
- privileges  1    16.10 1179.1 118.14
- advance     1    61.60 1224.6 119.28
<none>             1163.0 119.73
- learning    1   197.03 1360.0 122.42
- complaints  1  1165.94 2328.9 138.56

Step :  AIC=118.14
```
privileges, raises, critical을 제외한 모든 독립 변수 고려
```
rating ~ complaints + learning + advance

            Df Sum of Sq    RSS    AIC
- advance     1    75.54 1254.7 118.00
<none>1179.1 118.14
- learning    1   186.12 1365.2 120.54
- complaints  1  1259.91 2439.0 137.94

Step :  AIC=118
```
advance, privileges, raises, critical을 제외한 모든 독립 변수 고려
```
rating ~ complaints + learning

            Df Sum of Sq    RSS    AIC
<none>1254.7 118.00
- learning    1   114.73 1369.4 118.63
- complaints  1  1370.91 2625.6 138.16
>
```

위의 분석 과정을 살펴보면,

● 처음에는 전체 독립 변수를 넣어서 분석하고,

● 기여도가 부족한 것을 대상으로 하나씩 제거한 다음(=R에서 자동 수행함)

● 최종적으로 의미있는 독립 변수만을 남기게 된다.

[최종 분석 결과의 정리]

분석된 최종 결과를 확인해 본다.

```
> summary(reduced)

Call:
lm(formula = rating ~ complaints + learning, data = attitude)

Residuals:
     Min      1Q   Median      3Q      Max
-11.5568  -5.7331   0.6701   6.5341  10.3610

Coefficients:
            Estimate Std. Error t value Pr(>|t|)
(Intercept)   9.8709     7.0612   1.398    0.174
complaints    0.6435     0.1185   5.432 9.57e-06 ***
learning      0.2112     0.1344   1.571    0.128
---
Signif. codes :  0 '***' 0.001 '**' 0.01 '*' 0.05 '.' 0.1 ' ' 1

Residual standard error : 6.817 on 27 degrees of freedom
Multiple R-squared : 0.708,      Adjusted R-squared : 0.6864
F-statistic : 32.74 on 2 and 27 DF,  p-value : 6.058e-08

>
```

위의 결과를 기반으로 결론을 정리하면 다음과 같다.

● 미래 예측을 위한 회귀식은 다음과 같다.

```
y = 9.87 + 0.64 * compliants + 0.21 * learning
```

● 예측한 값은 68%의 신뢰도를 가진다(Adjusted R-squared의 값).

● 위 예측은 p-value가 0.05보다 작으므로 통계적으로 유의하다.

결론적으로, 다중 회귀는 여러 독립 변수를 다루는 회귀이고, 반복적인 평가를 통하여 최적화된 독립 변수를 구성하도록 하는 기법이다.

[회귀 분석을 마치며]

여기까지 R을 기반으로 하는 선형 회귀와 다중 회귀에 대한 설명과 실습을 마쳤다. 하지만, 앞에서 설명한 것 외에도 우리가 알아야 할 것은 아직도 많다. 이번에는 앞에서 설명한 회귀 분석 과정에 대하여 체계적으로 요약해 보도록 하자.

● 회귀 분석 프로세스

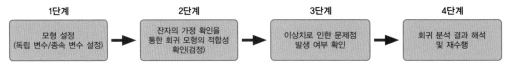

● 1 단계

－ 분석을 위한 주제를 설정한다.

예 교육시간이 직원의 업무 수행에 영향을 주는가? 식사 시간이 아이의 두뇌발달에 영향을 주는가?

－ 종속 변수와 독립 변수를 선정하고 가설을 세운다.

예 선정한 주제가 "교육 시간이 업무 능력에 영향을 미치는가?"라고 한다면,

종속 변수 ➔ 업무 능력, 독립 변수 ➔ 교육시간

그리고, 귀무가설(H0) : 교육시간이 업무 능력 점수에 영향을 주지 않는다.

대립가설(H1) : 교육시간이 업무 능력 점수에 영향을 준다.

➔ 만약 회귀 분석한 결과에서 p-value가 0.05보다 작으면 H1을 선택합니다.
(앞의 분석 결과를 다시 보고, p-value를 찾아보세요. 그리고 단순한 예측 외에도 어떤 가설을 세웠고, 어떤 결정을 하게 되는지 생각해 보세요).

－ 데이터의 수집

● 2 단계

－ 잔차의 등분산성, 정규성(분포형태), 독립성(Durbin-Watson 통계량으로 확인) 확인
－ 데이터가 선형성을 가지면 선형 회귀 분석 적용, 아니면 곡선 추정 방법이나 비선형 회귀 분석을 이용한다.

● 3 단계

－ 데이터 중에서 특이하거나 이상한 데이터의 제거

- 4 단계
  - 결정계수가 0~1 사이의 값을 가지며, 일반적으로 0.65~0.7 이상이어야 좋은 회귀 모형이라고 할 수 있다.

- 회귀 모형의 적용시에 유의할 사항
  - 독립 변수의 변동에 대하여 종속 변수가 변동하는지를 검정하는 것으로 ANOVA를 이용한다. 이경우에 가설은 "H0:회귀 모형이 타당하지 않다, H1:회귀 모형이 타당하다"이다.
  - 다중 회귀 분석의 경우에는 다중 공산성(Multiple Collinearity)을 고려해야 한다. (다중 공산성은 독립 변수 간에 영향력이 발생하여 결과를 왜곡시키는 것).

8 인자 분석(Factor Analysis)

[인자 분석이란?]

여러 개의 변수들 중에서 유사한 항목끼리 묶어서, 원래의 변수보다 작은 인자(Factor)로 축소시켜 상호 관계를 분석하는 방법이다. 요인 분석이라는 용어를 사용하기도 한다.

[인자 분석의 특징]

- 인자 분석은 종속 변수와 독립 변수로 구분하지 않고, 변수들 집합만 있으면 된다.
- 변수 집단에서 주어진 변수 간의 유사성을 생성하고 인자를 생성할 뿐, 별도의 모집단 추정을 하지 않는다.

[인자 분석의 기능]

여러 개의 변수들을 단순하게 몇 개의 인자로 묶어 변수의 수를 줄이고, 여러 개의 변수들이 공통적으로 의미하는 추상적 의미의 변수를 구체화시킬 수 있도록 한다(=잠재변수 생성).

여러 개의 변수를 축약한 인자를 이용하여, 이후에 군집, 회귀, 상관, 판별 분석 등의 2차 분석으로 연결된다.

[인자 분석의 예]

사례로 놀이 공원에서 아래의 7가지 항목에 대한 고객 만족도 조사를 5점 만점으로 수행하였다고 가정해 보자. 상세한 항목은 다음과 같다.

〈 고객 만족도 조사 항목 〉
- 이용자 이름
- 입장료
- 식 음료가격
- 할인쿠폰

- 놀이기구 숫자의 만족도
- 놀이기구 재미의 만족도
- 대중 교통편
- 주차장 시설

위의 항목 중 입장료, 식 음료가격, 할인 쿠폰은 "가격 인자", 놀이기구 만족도, 재미 만족도는 "놀이기구 인자", 대중교통편, 주차장 시설은 "교통 인자"로 분류하여 변수 7개를 3개로 축소할 수 있다. 이런 과정을 수행하는 것이 인자 분석(Factor Analysis : 요인 분석)이다.

[인자 추출 방법 : 인자 분석의 기본]

인자 추출 방법이란 여러 개의 변수를 그 보다 작은 인자로 축약시키는 방법을 의미한다.

- 주성분 분석법(Principal Component) : 전체 분산의 변동량을 이용하여 인자들을 만드는 방법
- 가중되지 않은 최소제곱법(Unweighted Least Square) : 공통인자 분석 방법 중 하나로 기본 상관 행렬과 관측 상관 행렬 차이가 최소의 제곱합을 가지는 인자끼리 묶어주는 방법
- 일반화 최소제곱법(Generalized Least Square) : 최소제곱법과 같고, 각 인자의 고유치(고유값)가 높은 변수가 좀 더 가중이 되어져서 인자를 생성
- 최대우도법(Maximum likelihood) : 공통인자 분석 방법의 하나로, 관측 상관 행렬로부터 모 상관 행렬을 추정하는데 가장 적합한 인자를 추출하는 방법
- 주축인자 추출법(Principle Axis Factoring) : 공통성(Communality)에 대한 변화량을 수렴하는 점까지 반복 계산하여, 적합한 인자들을 추출하는 방법
- 알파인자 추출법(Alpha Factoring) : 표본으로부터 모집단을 추론할 수 있는 인자 추출 방법으로, 인자들의 신뢰도(Crombach's alpha) 값이 최대값이 되도록 한다.
- 이미지인자 추출법(Image Factoring) : 대량의 표본과 많은 변수를 가질 때 유용하다.

[인자 분석과 군집 분석의 차이]

- 인자 분석 : 변수의 수를 축약시켜 주는 역할을 한다.
- 군집 분석 : 레코드를 축약(그룹화)시켜 주는 역할을 한다.

	F01	F02	F03	F04	F05	F06	F07	F08	F09	F10	F11	F12	F13	F14
1	3.00	4.00	3.00	3.00	2.00	4.00	4.00	3.00	4.00	2.00	4.00	4.00	3.00	3.00
2	5.00	4.00	4.00	4.00	3.00	4.00	4.00	4.00	4.00	4.00	4.00	4.00	3.00	2.00
3	5.00	4.00	3.00	3.00	2.00	5.00	5.00	4.00	3.00	5.00	3.00	5.00	4.00	4.00
4	5.00	3.00	5.00	4.00	4.00	4.00	5.00	3.00	3.00	4.00	2.00	4.00	2.00	2.00
5	3.00	3.00	3.00	4.00	3.00	4.00	3.00	3.00	3.00	3.00	3.00	4.00	3.00	3.00
6	3.00	3.00	4.00	3.00	2.00	3.00	4.00	3.00	2.00	5.00	1.00	3.00	3.00	4.00
7	4.00	4.00	4.00	5.00	4.00	3.00	3.00	3.00	4.00	4.00	2.00	3.00	2.00	2.00
8	5.00	4.00	4.00	5.00	4.00	5.00	5.00	4.00	5.00	5.00	3.00	4.00	2.00	1.00
9	5.00	3.00	3.00	5.00	3.00	4.00	4.00	3.00	4.00	4.00	2.00	3.00	2.00	3.00
10	4.00	4.00	2.00	4.00	4.00	4.00	4.00	4.00	4.00	4.00	2.00	3.00	2.00	2.00
11	4.00	2.00	3.00	3.00	1.00	3.00	3.00	3.00	4.00	4.00	2.00	4.00	2.00	2.00
12	4.00	1.00	3.00	5.00	1.00	4.00	4.00	4.00	1.00	5.00	1.00	5.00	1.00	4.00
13	4.00	3.00	5.00	4.00	3.00	4.00	3.00	2.00	2.00	5.00	2.00	3.00	3.00	2.00
14	4.00	3.00	2.00	5.00	2.00	4.00	5.00	2.00	3.00	5.00	1.00	3.00	2.00	3.00
15	5.00	4.00	4.00	4.00	2.00	4.00	4.00	3.00	4.00	4.00	2.00	3.00	2.00	4.00
16	4.00	2.00	5.00	4.00	2.00	4.00	5.00	2.00	3.00	3.00	5.00	4.00	2.00	2.00
17	3.00	2.00	3.00	4.00	2.00	4.00	4.00	3.00	2.00	5.00	3.00	4.00	2.00	2.00

위와 같은 자료를 고려해 보면, 인자 분석을 통하여 F01~F14의 항목이 줄어들게 되고, 군집 분석을 통하여 1~17까지의 레코드를 축약하게 된다.

[인자 분석의 실습]

드디어, 독자들이 기다리던 R을 활용한 인자 분석 시간이다. 아래의 내용을 잘 읽어보기 바란다.

```
> # 실습을 위한 데이터의 준비
> # 데이터는 3가지 경우를 준비하고, 각 경우에 일부만 수정된 짝퉁 데이터를 하나씩 준비한다
> # 그러면, 분석하였을 때 3가지 인자로 요약하라고 R이 말해줄 것이다!!
> data1 <- c(1,1,1,1,1,1,1,1,1,3,3,3,3,3,4,5,6)
> data2 <- c(1,2,1,1,1,1,2,1,2,1,3,4,3,3,3,4,6,5)    # data1을 살짝 바꾼 것
> data3 <- c(3,3,3,3,3,1,1,1,1,1,1,1,1,1,1,5,4,6)
> data4 <- c(3,3,4,3,3,1,1,2,1,1,1,2,1,1,1,5,6,4)    # data3을 살짝 바꾼 것
> data5 <- c(1,1,1,1,1,3,3,3,3,3,1,1,1,1,1,6,4,5)
> data6 <- c(1,1,1,2,1,3,3,3,4,3,1,1,1,2,1,6,5,4)    # data5를 살짝 바꾼 것
>
> # 데이터를 구성한다
> testData <-cbind(data1,data2,data3,data4,data5,data6)>
> testData  # 데이터의 모양 확인
      data1 data2 data3 data4 data5 data6
 [1,]     1     1     3     3     1     1
 [2,]     1     2     3     3     1     1
 [3,]     1     1     3     4     1     1
 [4,]     1     1     3     3     1     2
 [5,]     1     1     3     3     1     1
 [6,]     1     1     1     1     3     3
 [7,]     1     2     1     1     3     3
```

```
 [8,]     1      1      1      2      3      3
 [9,]     1      2      1      1      3      4
[10,]     1      1      1      1      3      3
[11,]     3      3      1      1      1      1
[12,]     3      4      1      2      1      1
[13,]     3      3      1      1      1      1
[14,]     3      3      1      1      1      2
[15,]     3      3      1      1      1      1
[16,]     4      4      5      5      6      6
[17,]     5      6      4      6      4      5
[18,]     6      5      6      4      5      4
>
> # 준비된 자료의 상관변수 행렬을 구한다
> EigenData <- cor(testData)
>
> # 준비된 상관변수 행렬을 이용하여 고유근을 살펴본다. 이것을 기반으로 인자 분석을 위한
> # 인자의 수를 파악할 수 있다
> eigen(EigenData)
$values
[1] 3.70370637 1.07186234 0.99282302 0.16999115 0.03334707 0.02827005 #3개의 변수
선정

$vectors
            [,1]        [,2]        [,3]        [,4]        [,5]        [,6]
[1,] -0.4147946  0.50832483 -0.2390069  0.3173173  0.2536824  0.5893912
[2,] -0.4026728  0.51277581 -0.2976852 -0.3315852 -0.2496805 -0.5603660
[3,] -0.4126284 -0.02302660  0.5577980  0.5595675 -0.4219779 -0.1639752
[4,] -0.3960916 -0.01519818  0.5996420 -0.5780957  0.3626520  0.1326604
[5,] -0.4194618 -0.47413812 -0.2865895  0.2612217  0.5514560 -0.3804876
[6,] -0.4033622 -0.50308913 -0.3184596 -0.2716869 -0.5095286  0.3864590
>
> # 위의 결과에서, 3.70370637 1.07186234 0.99282302 3개의 값이 유의하다고 보여지므로,
> # 주어진 데이터는 3개의 인자로 정리할 수 있다
>
> factanal(testData, factors=3)   # 데이터를 3개의 인자로 분석할 것

Call:
factanal(x = testData, factors = 3)
```

```
Uniquenesses:
data1 data2 data3 data4 data5 data6
0.005 0.101 0.005 0.224 0.084 0.005

Loadings:
      Factor1 Factor2 Factor3
data1 0.944    0.182    0.267
data2 0.905    0.235    0.160
data3 0.235    0.210    0.946
data4 0.181    0.242    0.827
data5 0.242    0.881    0.286
data6 0.193    0.959    0.196

              Factor1 Factor2 Factor3
SS loadings    1.893   1.886   1.797
Proportion Var 0.315   0.314   0.299
Cumulative Var 0.315   0.630   0.929

The degrees of freedom for the model is 0 and the fit was 0.6298
>
```

위의 분석 결과를 보면 data1, data2는 1개의 인자로(=Factor1) 볼 수 있으며, data3, data4도 1개의 인자로(=Factor3) 볼 수 있고, data5, data6도 1개의 인자로 (=Factor2) 볼 수 있다.

결론적으로 주어진 6개의 데이터는 3개의 인자로 고려할 수 있다. 이런 결론은 자료를 준비할 때, 우리가 미리 생각했던 것과 일치하는 결과이다.

⑨ 주성분 분석

주성분 분석은 서로 연관되어 있는 변수들이 관측되었을 때, 이 변수들이 전체적으로 가지고 있는 정보를 최대한 확보하는 적은 수의 새로운 변수를 생성하는 방법이다. 인자 분석을 위한 사전 단계로도 사용되고, 사회과학 데이터의 분석에도 사용된다.

실습을 통하여 중요 개념과 절차를 이해하도록 하자.

```
> # 실습을 위하여 R에서 기본적으로 제공하는 USArrests 데이터를 사용한다
> data(USArrests)
```

```
>
> head(USArrests)   # 데이터의 모습을 확인한다.  각 주별로 범죄 종류별 발생 건수를 정리한 것
         Murder Assault UrbanPop Rape
Alabama    13.2    236       58 21.2
Alaska     10.0    263       48 44.5
Arizona     8.1    294       80 31.0
Arkansas    8.8    190       50 19.5
California   9.0    276       91 40.6
Colorado    7.9    204       78 38.7
>
> cor(USArrests)   # 기본적으로 데이터의 상관관계를 살펴본다
            Murder    Assault   UrbanPop        Rape
Murder   1.00000000 0.8018733 0.06957262 0.5635788
Assault  0.80187331 1.0000000 0.25887170 0.6652412
UrbanPop 0.06957262 0.25887171.00000000 0.4113412
Rape     0.56357883 0.6652412 0.41134124 1.0000000
>
> B <-cor(USArrests)    # 상관관계 데이터를 변수 B에 할당한다
>
> # eigen을 사용하여 상관관계 데이터에서 중요 변수를 뽑는다
> eigen(B)
$values
[1] 2.4802416 0.9897652 0.3565632 0.1734301          중요 변수 2개를 뽑을 수 있다


$vectors
             [,1]        [,2]        [,3]        [,4]
[1,] -0.5358995  0.4181809 -0.3412327  0.64922780
[2,] -0.5831836  0.1879856 -0.2681484 -0.74340748
[3,] -0.2781909 -0.8728062 -0.3780158  0.13387773
[4,] -0.5434321 -0.1673186  0.8177779  0.08902432


# 주성분 분석을 수행하고, 결과를 result에 저장한다
> result <-princomp(USArrests, cor=TRUE)
>
> summary(result)   # 결과를 확인한다
Importance of components:
                       Comp.1    Comp.2    Comp.3    Comp.4
Standard deviation   1.5748783 0.9948694 0.5971291 0.41644938
```

```
Proportion of Variance 0.6200604 0.2474413 0.0891408 0.04335752
Cumulative Proportion  0.62006040.8675017 0.9566425 1.00000000
>
> # 위의 결과로 보면 Comp1, Comp가 주성분으로 고려됨을 알 수 있다
> # 그러면, Comp1, Comp2는 무엇인지 확실하게 정리할 필요가 있다
> result$loading  # 주성분 자료의 정리

Loadings:
Comp.1 Comp.2 Comp.3 Comp.4
Murder   -0.536  0.418 -0.341  0.649
Assault  -0.583  0.188 -0.268 -0.743
UrbanPop-0.278 -0.873-0.378  0.134
Rape     -0.543 -0.167  0.818


               Comp.1 Comp.2 Comp.3 Comp.4
SS loadings      1.00   1.00   1.00   1.00
Proportion Var   0.25   0.25   0.25   0.25
Cumulative Var   0.25   0.50   0.75   1.00
>
```

위 분석의 결과로 전체 데이터의 정보를 대표하는 2개의 주성분 정보는 다음과 같다.

- 제1주성분(Comp1) = −0.536*Murder−0.583*Assault−0.278*UrbanPop−0.543*Rape
- 제2주성분(Comp2) = 0.418*Murder+0.188*Assault−0.873*UrbanPop−0.167*Rape

결국 4개의 인자는 2개의 주성분으로 정리될 수 있다.

주성분 분석은 자체적으로도 사용되지만, 다른 분석 방법과 연계하여 사용하므로 개념을 정확하게 정리해 두어야 혼돈이 오지 않는다.

10 정준 상관 분석

통계에서 두 변수 사이의 연관성을 알고 싶을 때, 구하는 통계량이 상관계수이다. 그러나 상관계수를 가지고 몇 개의 변수로 이루어진 집단 사이의 연관성을 구하기 어렵다. 그래서 몇 개의 변수로 이루어진 두 집단 사이의 연관성을 구하는 통계 방법이 정준 상관 분석이다.

실습을 통하여 개념과 명령어 사용법을 익히도록 하자.

```
> data(LifeCycleSavings)    # 사용할 데이터의 준비, R에서 제공하는 데이터 사용
>
> head(LifeCycleSavings)
Sr pop15 pop75    dpi ddpi
Australia 11.43 29.35  2.87 2329.68 2.87
Austria   12.07 23.32  4.41 1507.99 3.93
Belgium   13.17 23.80  4.43 2108.47 3.82
Bolivia    5.75 41.89  1.67  189.13 0.22
Brazil    12.88 42.19  0.83  728.47 4.56
Canada     8.79 31.72  2.85 2982.88 2.43
>
> x <-LifeCycleSavings[1:10, 2:3] # 주어진 자료에서 유사한 2개를 별도의 데이터로 선언
>
> y <-LifeCycleSavings[1:10, -(2:3)] # 또 다른 별도의 데이터 선언
>
> x  # pop15, pop75로 구성된 집단 데이터
          pop15 pop75
Australia  29.35  2.87
Austria    23.32  4.41
Belgium    23.80  4.43
Bolivia    41.89  1.67
Brazil     42.19  0.83
Canada     31.72  2.85
Chile      39.74  1.34
China      44.75  0.67
Colombia   46.64  1.06
Costa Rica 47.64  1.14
>


> y   # sr, dpi, ddpi로 구성된 집단 데이터
          sr     dpi ddpi
Australia  11.43 2329.68 2.87
Austria    12.07 1507.99 3.93
Belgium    13.17 2108.47 3.82
Bolivia     5.75  189.13 0.22
Brazil     12.88  728.47 4.56
Canada      8.79 2982.88 2.43
Chile       0.60  662.86 2.67
```

```
China       11.90  289.52 6.51
Colombia     4.98  276.65 3.08
Costa Rica  10.78  471.24 2.80
>
> cancor(x,y)  # 집단 데이터 x, y에 대하여 정준 상관 분석의 수행
$cor
[1] 0.814700 0.501795

$xcoef
              [,1]        [,2]
pop15 -0.06027428 -0.1149939
pop75 -0.16899020 -0.8254361

$ycoef
             [,1]          [,2]          [,3]
sr   0.0035699598 -0.0765185791 -0.0735329133
dpi  0.0003249461  0.0001065637  0.0001443352
ddpi 0.0257345779  0.2520305584 -0.0400724922

$xcenter
 pop15  pop75
37.104  2.127

$ycenter
    sr     dpi    ddpi
 9.235 1154.689   3.289

>
```

결과를 보면 제1정준 상관 계수가 0.814로서 두 집단 간에 양의 상관관계가 존재함을 알 수 있다.

다음으로 집단 X의 제1정준 변수 W1은 −0.06x1−0.16899x2이고, 집단 Y의 제1정준 변수 V1은 0.0035y1+0.003y2+0.026y3이다.

그러므로 각 케이스의 정준 변수 점수(W1, V1)를 구하면 아래와 같다.

W1=−0.06(29.35−37.104)−0.16899(2.87−2.127)

➡ x의 첫번째 값이 29.35, 2.87이고, 정준 상관 분석 후에 X의 center 값은 **37.104**, 2.127이다.

그래서 정준 점수 W1은 위와 같이 구해지고, x의 다른 값들에 대해서도 동일하게 계산할 수 있다.

V1 = 0.0035(11.43-9.235)+0.003(2329.68-1154.689)+0.026(2.87-3.289)

→ y의 첫 번째 값이 11.43, 2329.68, 2.87이고, 정준 상관 분석 후에 y의 center 값은 **9.235,** 1154.689, 3.289이다. 그래서 정준 점수 V1은 위와 같이 구해지고, x의 다른 값들에 대해서도 동일하게 계산할 수 있다.

그러므로, x, y를 구성하는 모든 변수들에 정준 점수를 구하여 사용할 수 있다.

▊ 기타 유용한 분석 기법

본서에서 설명하지 않은 중요 통계 분석 기법에 대하여 정리한다. 자세한 내용을 언급하지 않고 분석 기법에 대한 용어와 내용을 이해하는 것으로 마치도록 한다.

● 판별 분석(Discriminant Analysis)

2개 이상의 모집단으로부터 추출된 표본이 섞여 있을 때, 각각의 경우에 대하여 그것이 어느 모집단에 속해 있는지를 판별하기 위해 함수를 만들어서 판별 작업을 수행하는 분석 방법이다.

R에서는 선형을 가정한 판별 분석에는 MASS 패키지의 lda( ) 함수를 사용한다. 이차의 판별 분석을 수행하려면 MASS 패키지의 qda( ) 함수를 사용한다.

● 클러스터 분석(Cluster Analysis)

주어진 데이터들의 특성을 고려해 데이터 집단(클러스터)을 정의하고 데이터 집단을 대표할 수 있는 대표점을 찾는 통계 분석 방법으로 데이터 마이닝에서 사용한다.

클러스터 분석 기법은 partitioning과 k-means 방법이 있다.

R에서는 partitioning 기법의 적용을 위해 hclust( ) 함수를 사용하며, k-mean 기법의 적용을 위해 kmeans( ) 함수를 사용한다.

● CART(Classification And Regression Tree) : 회귀트리

데이터 마이닝에서 주어진 데이터를 한층을 2가지로 분리하고, 여러 층을 이루어 데이터를 분류하여 처리하는 방법이다. 한 층을 2가지 이상으로 분리하는 다른 기법도 있다.

R에서는 rpart 패키지에 rpart( ) 함수가 있어서 회귀트리 분석이 가능하고 실제 회귀트리를 그리는 경우에는 plot( )와 text( ) 함수를 사용한다.

● 시계열 분석(Time Series Analysis)

통계 데이터를 시간의 흐름에 따라 일정한 간격마다 기록한 것을 시계열 데이터라고 하며, 데이터에 포함되어 있는 특정 원인에 의한 변동 부분을 분리하여 추출하거나 또는 소거하는 일을 수행하는 통계 분석 기법이다.

R에는 시계열 분석을 위한 함수로 ts( ), diff( ), lag( ), arima( ), ocf( ), Box.test( ) 등 수많은 함수가 준비되어 있다.

잠깐! 알고 계신가요?   **데이터 마이닝에서 많이 사용하는 10가지 알고리즘**

1. C4.5 tree
   : 2개 이상의 결정트리를 사용하여 데이터의 특징을 탐구한다.

2. K-mean 알고리즘
   : 클러스터링에 사용되는 알고리즘이다.

3. 서포트 벡터 머신(support vector machines)
   : 기계 학습의 대표적인 기법으로 필기체 인식을 위한 알고리즘으로 발전하였다.

4. 아프리오리(apriori) 알고리즘
   : 대량의 데이터 중에서 가치있는 관계를 찾아내는 방법 (**예** 금요일과 소주의 판매량 관계)

5. EM 알고리즘
   : 여러 정규분포가 서로 겹친 상태에서 매개 변수를 추정할 때 사용한다.

6. 페이지 랭크
   : 웹 페이지의 검색 순위를 지정하는 알고리즘이다(구글에서 사용).

7. 아다부스트(AdaBoost)
   : 앙상블 학습의 하나로 부스팅이라는 기술 알고리즘의 일종이다.

8. k-nearest neighbors 분류
   : 분석가가 정한 k 값에 가까운 클래스로 데이터를 분류한다.

9. 나이브 베이스(naïve bayes)
   : 클래스를 예측하기 위한 방법이다.

10. CART
    : 2분기 결정트리를 사용한다.

11. 기타
    : 랜덤 포레스트, 딥 러닝 등과 같은 기법들도 많이 사용된다.

■■■ 요점 정리

1. 통계 분석을 위해 데이터를 확보하는 것이 가장 중요하다.

2. 확보된 데이터가 가지는 특성을 파악하는 것이 데이터 분석의 방향을 결정하기 위한 기본적인 과정이다. 대부분의 경우, 데이터를 구성하는 각 항목에 대한 히스토그램을 그려서 분석을 시작한다.

3. 분석된 데이터 자체의 특성 외에 데이터를 구성하는 2요소 간의 연관성에 대한 분석을 실행하고자 하면, 산포도를 기반으로 진행한다.

4. 산포도를 기반으로 2개 데이터의 연관 관계를 파악한 후 이것을 이용하여 앞으로 1개 데이터의 변화가 다른 1개 데이터에 어떤 영향을 미치는지를 파악해야 할 필요가 생기는 경우가 있다. 이런 경우에는 회귀기법을 이용하여 변화값을 예측하고, 값의 변화 범위도 추정할 수 있다.

5. 분석된 데이터에서 1개의 데이터(=종속 변수)에 여러 개의 데이터(=독립 변수)가 미치는 영향을 분석해야 하는 경우에는 다중 회귀 기법을 적용하여 상호 관계에 대한 것을 파악할 수 있다.

6. 수집된 데이터들이 여러 개 있고, 이 자료에서 수집된 데이터를 설명할 수 있는 공통변수를 파악할 때 사용하는 통계적 분석 방법이 인자 분석이다. 일반적으로 대용량 데이터의 분석에 많이 사용된다.

7. 수집된 데이터들이 여러 개 있고, 이들이 서로 연관되어 있을 때 이 변수들이 전체적으로 가지고 있는 정보를 최대한 확보하는 적은 수의 새로운 변수들을 생성하는 방법이 주성분 분석이다. 역시 대용량 데이터, 사회과학 데이터의 분석에 많이 사용된다.

8. 상관계수의 개념을 확대하여 몇 개의 변수로 이루어진 집단 사이의 연관성을 구하기 위한 기법이 정준 상관 분석이다.

TIP

앞에서 설명한 것 외에도 통계에서 사용되는 기법은 많다. 간단하게 이름을 정리해 본다.
- 시계열 분석
- 판별 분석
- 클러스터 분석

위의 기법들은 앞에서 설명한 것들과 거의 유사한 스타일로 적용할 수 있다. 향후 필요한 경우에, 자료를 찾아서 공부하도록 하자.

Chapter

5

R 응용

지금까지 R과 통계 분식에 대한 공부를 히였다. 이제는 우리가 배웠던 지식을 기반으로 다양한 분야에서 사용되는 R의 모습을 확인할 시간이다. 이번 장에서는 가장 대표적인 사례만을 엄선해서 독자들이 직접 실습해 보도록 하겠다.

01 개요
02 시뮬레이션
03 소셜네트워크 분석
04 의사결정 트리
05 워드 클라우드
06 몬테카를로 시뮬레이션

01

개요

R을 배우는 목적은 다양하다.

- 논문에 필요한 통계 분석을 하기 위하여
- 마케팅이나 관련 분야의 종사자가 데이터 분석을 하기 위하여
- 통계를 공부하는 보조도구로 사용하기 위하여

그 중에서 최근에 유행하는 것은 빅데이터 분석이라고 할 수 있다. 하지만, 그것에 관련된 내용을 언급하는 것은 이 책의 범위를 넘어서는 것이기도 하고, 사실상 그것을 필요로 하는 사람은 그렇게 많지 않다. 하지만, 궁금해 하는 독자를 위해 관련된 사례를 제공함으로써 지금까지 배워왔던 R의 활용 범위를 보여주고자 한다.

이 장의 학습 내용

시뮬레이션 : 너무 복잡하면, 문제의 이해에 많은 시간을 빼앗기므로 주사위 던지기를 시뮬레이션 하는 사례로 설명한다.

소셜네트워크 분석 : 페이스북이나 트위터에 대한 분석을 소셜네트워크 분석이라고 하며, R을 이용하여 분석을 실행하는 과정을 사례로 설명한다.

의사결정 트리 : 빅데이터 분석이나 데이터 마이닝에서 사용하는 많은 기법 중에서 쉽고, 자주 사용하는 의사결정 트리 분석의 과정을 사례로 설명한다.

워드 클라우드 : 텍스트 데이터 마이닝에서 많이 사용되는 워드 클라우드 분석의 과정을 사례로 설명한다.

몬테카를로 시뮬레이션 : 반복적인 시도를 통해, 문제의 근사 해를 얻는 기법인 몬테카를로 시뮬레이션은 다양한 분야에서 적용되는 것으로, 면적을 구하는 것을 사례로 설명한다.

이번 장을 통해, R이 통계 분석과 멋진 그래프를 그리는 것 이외에 다양한 분야에 활용된다는 것을 확인할 수 있을 것이다. 이번 장을 마치고 나면, 독자는 R 공부를 마치는 것이 아니라, 비로서 시작되는 것을 알게 될 것이다.

잠깐! 알고 계신가요?　　**데이터 과학자의 업무 처리 프로세스**

데이터 과학자는 기본적으로 고객의 입장에서 생각하고, 자신의 견해를 반영하지 않고 고객의 의견을 순수하게 듣는 것이 무엇보다 중요하다. 이런 전제 하에서 데이터 과학자는 아래의 과정을 거쳐 업무를 처리하게 된다.

- 요구사항의 접수
- 요구사항과 관련된 업무의 이해를 통해서 고객의 의도와 목적을 정확하게 이해하게 된다. 이 과정이 완료되면, 요구사항은 구체적인 사항으로 분할되고, 정확한 목적이 확정된다.
- 구체화된 요구사항과 목적에 맞추어 데이터를 추출한다. 이때, 추출되는 데이터는 처리할 수 있는 상태이어야 한다.
- 추출된 데이터를 분석하기 위해서는 분석 방법, 목적 등에 맞추어 데이터를 가공해야 한다. 대표적인 예는 데이터의 통합/분리, 결손값의 보완, 필요한 데이터의 추출과 같은 과정이 있다.
- 데이터가 추출되면 사전에 정의된 방법에 따라 모델링 과정을 수행한다. 모델링 기법 중 유명한 것은 Supervised Learning Model과 Unsupervised Learning Model이 있다.
  Supervised Learning Model은 신경망, 결정트리, 선형회귀, 로지스틱회귀 등을 말하며, 하나의 필드에 기초하여 대상 필드를 예측하고 이것으로 미래를 예측하는데 사용한다.
  Unsupervised Learning Model은 Kohonen, TwoStep, K-means 등을 말하며, 필드 간의 관계성을 탐색하여 전체적인 구조를 발견하는데 사용한다.
- 최종 결과를 기반으로 지금까지 진행된 것들을 검토하고, 재고하는 과정이다. 보고서를 만들거나 최종 모델을 확정하는 것도 이 단계에서 수행한다.
- 최종 결과를 기반으로 서비스를 구현하고 평가를 받는다.
- 마지막으로 앞의 단계를 반복한다(=Iteration식 접근법).

02

시뮬레이션

시뮬레이션(Simulation)은 실제로 실행하기 어려운 실험을 간단히 행하는 모의 실험을 말한다. 특히 컴퓨터를 이용하여 모의 실험하는 것을 컴퓨터 시뮬레이션이라고 한다.

시뮬레이션은 데모, 교육 및 훈련, 문제의 해결 등을 위하여 수행하는데, 수단에 따라 다음과 같이 구분할 수도 있다.

- 물리적 시뮬레이션 : 모델하우스, 댐 건설을 위한 모형 만들기
- 컴퓨터 시뮬레이션 : 비행 시뮬레이션, 게임 시뮬레이션
- 멘탈 시뮬레이션 : 회의 참석자를 대상으로 하는 시뮬레이션

우리의 관심사는 대부분 컴퓨터 시뮬레이션이라고 할 수 있는데, Vensim, Arena, Simulink와 같은 다양한 전문 시뮬레이션 프로그램이 업계에서 많이 사용되고 있다.

컴퓨터 시뮬레이션의 수행을 위해서는 난수의 발생, 순환/반복 구조의 지원 등의 기능이 지원되어야 하는데, R에는 시뮬레이션의 수행을 위해 필요한 기능들이 제공되고 있다. 그래서, 최근에는 R 프로그램 기능을 이용하여 시뮬레이션을 수행하는 경우가 많아지고 있다.

이번 장에는 R에서 제공하는 기능을 활용하여 시뮬레이션을 수행할 것이다. 그동안 배웠던 R의 기능들이 많이 사용되기 때문에 복습을 하는 의미에서도 좋은 사례가 될 것이다.

[예에서 사용하는 R의 기능]

- 함수 선언 및 사용
- 변수의 선언 및 사용
- 순환구조의 사용
- 화면에 메시지를 보여주는 기능
- 입력되는 자료에 따른 분기 기능
- 난수 발생 기능

마지막으로, 제공되는 사례 외에도 좀 더 복잡하고 다양한 시뮬레이션의 구성 및 수행이 가능하므로 독자들의 관심이 중요하다.

이제 R의 기능을 활용하여 주사위를 10번 던지는 시뮬레이션을 수행해 보자.

[주사위 던지기 시뮬레이션]

```
> # 주사위 던지기 시뮬레이션 프로그램
>
> die <- function(n)    # n번 주사위를 던지는 함수
+ {
+        # 주사위의 숫자가 6개이므로 각 숫자가 몇 개 나왔는지 저장할 변수가 필요하다
+
+     count1 <- 0      # 던진 횟수를 저장하는 변수, 0으로 초기화한다
+     count2 <- 0      # 던진 횟수를 저장하는 변수, 0으로 초기화한다
+     count3 <- 0      # 던진 횟수를 저장하는 변수, 0으로 초기화한다
+     count4 <- 0      # 던진 횟수를 저장하는 변수, 0으로 초기화한다
+     count5 <- 0      # 던진 횟수를 저장하는 변수, 0으로 초기화한다
+     count6 <- 0      # 던진 횟수를 저장하는 변수, 0으로 초기화한다
+
+     for(i in 1:n)
+     {
+         # 0~1 사이의 숫자를 뽑고, 여기에 6을 곱하고, 소수점 이하를 버린다
+         # 그러면 0 이 나오는 경우가 있으므로 1을 더한다
+         x <- (trunc(runif(1)*6) +1)
+
+         cat("x is ",x, "\n")        # 나온 숫자를 보여준다
+
+       if(x==1) count1=count1+1    # 숫자별로 변수에 더한다
+       if(x==2) count2=count2+1
+       if(x==3) count3=count3+1
+       if(x==4) count4=count4+1
+       if(x==5) count5=count5+1
+       if(x==6) count6=count6+1
+     }
+
+     cat(" 1 number occurs : ",count1,"\n")   # 결과를 표시한다
+     cat(" 2 number occurs : ",count2,"\n")
+     cat(" 3 number occurs : ",count3,"\n")
```

```
+       cat(" 4 number occurs : ",count4,"\n")
+       cat(" 5 number occurs : ",count5,"\n")
+       cat(" 6 number occurs : ",count6,"\n")
+
+ }
>
>
> die(10)     # 시뮬레이션을 수행하기 위하여 die() 함수를 호출한다. 총 10번 던진다
x is  3
x is  3            처음에 3이 나왔다
x is  2
x is  1
x is  4
x is  5
x is  5
x is  5
x is  5
x is  1
 1 number occurs :  2
 2 number occurs :  1
 3 number occurs :  2
 4 number occurs :  1         총 10번 던져서 1이 2번 나왔음을 표시함
 5 number occurs :  4
 6 number occurs :  0
>
```

위에서 제시한 사례는 독자들의 이해를 위하여 간단한 경우를 제시하였고, 바로 실습할 수 있다. 이외에도 좀 더 복잡한 형태의 시뮬레이션도 가능하다.

다음으로 좀 더 복잡한 사례를 생각하자.

[신문 판매대 시뮬레이션]

버스 정류장에 신문 판매대가 있다. 신문을 80원에 사서 130원에 판다. 다만, 다 팔지 못해서 남는 경우에는 60원에 반품할 수 있다. 이런 상황에서 신문 판매대에 몇 부의 신문을 비치하는 것이 최대의 이익을 가져다 줄 수 있는가?

앞에서 제시한 주사위 던지기 보다는 좀 더 현실적인 사례이다. 실제 R을 이용하여 위에서 제시한 상황 외에도 필요로 하는 대부분의 시뮬레이션 수행이 가능하다.

03

소셜네트워크 분석

소셜네트워크 분석은 페이스북이나 트위터 같은 환경의 분석에 사용되는 기법이다. R에서도 별도의 패키지를 설치함으로써 소셜네트워크의 분석을 실행할 수 있다.

이 과정을 통해 R이 할 수 있는 수많은 가능성과 기능이 있음을 확인할 수 있다.

R로 소셜네트워크를 그리기 위해서는 자료가 필요하다. 복잡하면 벗은 있지만 파악하기 어려움으로 간단하게 자료를 준비해 보자.

[자료 준비]

```
> # 소셜네트워크의 실습을 위해 자료를 준비한다
> # 일단 4X4 matrix를 임시로 만든다
> x <-matrix(1:16, nrow=4, dimname=list(c("a","b","c","d"), c("a","b","c","d")))
> x   # 데이터의 모습을 보여준다
  a b  c  d
a 1 5  9 13
b 2 6 10 14
c 3 7 11 15
d 4 8 12 16
>
```

이 자료가 네트워크를 나타내려면

- a는 a와 연결되지 않으면 : 0
- a와 b가 연결된다면 : 1, 연결되지 않으면 : 0

이런 식으로 자료가 구성되어야 자료를 보고 a와 연결된 것이 무엇이고 b, c, d와 연결된 것이 무엇인지 알 수 있다.

```
> # x의 값을 위의 규칙을 고려하여 내가 원하는 형태로 바꾸어 주기
> # 물론 꼭 아래와 같이 해야 하는 것은 아니다. 그래프의 모양이 다르면, 데이터는 바뀐다.
> x[1,1] <-0      # 데이터의 값을 내가 원하는 형태로 재정의 하고 있다
> x[1,2] <-1
> x[1,3] <-1
> x[1,4] <-1
> x[2,1] <-1
> x[2,2] <-0
> x[2,3] <-1
> x[2,4] <-1
> x[3,1] <-1
> x[3,2] <-1
> x[3,3] <-0
> x[3,4] <-1
> x[4,1] <-1
> x[4,2] <-1
> x[4,3] <-1
> x[4,4] <-0
```

그림을 그리는데 필요한 라이브러리를 선언한다.

```
> library(igraph)    # 만약 설치되어 있지 않으면, 설치한다
> install.packages("igraph")
```

그래프를 그리기 위한 사전 작업을 실행한다.

```
> # 그래프의 연결선을 그리고, 연결선은 방향이 없도록 한다. 데이터의 이름은 g로 한다
> g <-graph.adjacency(x, weighted=T, mode="undirected")
>
> # g의 이름은 그래프의 노드 이름이 된다.
> V(g)$label <-V(g)$name
> # g의 숫자는 연결을 의미한다
> V(g)$degree <- degree(g)
```

소셜네트워크를 그림으로 표현하는 많은 방법이 있는데, 그 중 2가지 방법으로 그림을 그린다. 자료가 많다면 차이를 많이 느낄 것으로 보이지만, 이번에는 자료가 작아서 큰 차이를 못 느낄 것이다.

```
> layout1 <-layout.fruchterman.reingold(g)
> plot(g, layout=layout1)
```

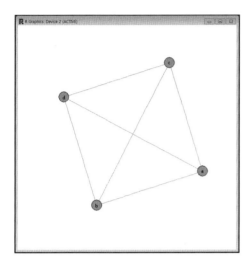

그림을 보면 x자료의 a, b, c, d가 노드로 표시되고 자료에서 a와 c가 1이므로 선으로 연결되어 있다. 다른 경우도 자료를 살펴보면 선이 연결되는 경우를 이해할 수 있을 것이다.

이번에는 다른 스타일의 그림을 그려보자.

```
> plot(g, layout=layout1)        # 다른 스타일의 그림
```

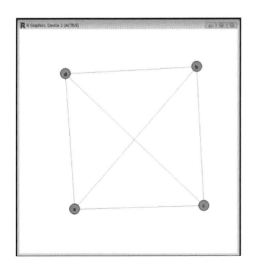

이번에는 그림을 그리고, 마우스로 그림의 노드를 움직여서 그래프의 모양을 파악할 수 있게 하는 그림을 그려보자.

```
>  tkplot(g, layout=layout.kamada.kawai)
```

그림은 별도의 창에 그려지며, 고정된 것이 아니라 마우스로 노드의 위치를 자유롭게 변경할 수 있다. 직접 실행해 보면 보다 확실하게 이해할 수 있을 것이다.

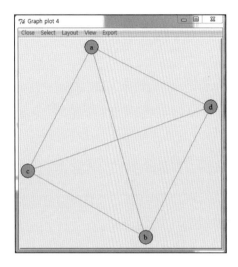

이번에는 3차원으로 그리고, 3차원 형상 자체를 돌려서 볼 수 있는 것을 해보자.

```
> # 필요한 라이브러리를 부른다. 만약 에러 문구가 나오면 설치해야 한다
> # install.packages("rgl")
> library(rgl)

> # 그림의 모양과 3차원을 설정한다
> coords <-layout.kamada.kawai(g, dim=3)
> open3d()   # 새 창이 열림

> # 그림을 그린다
> rglplot(g, vertex.size=3, vertex.label=NA, edge.arrow.size=2, layout=coords)
```

새 창에서 3차원 그림을 보여주고 있다. 사용자는 마우스를 이용하여 그림을 자유롭게 돌려볼 수 있다.

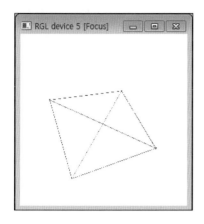

소셜네트워크 분석에 대한 것으로도 기능이 너무 많아서 여기에 전부 설명할 수는 없다. 독자들이 재미있게 테스트 해보고, 관심이 있다면 앞에서 설치한 Packages의 매뉴얼을 읽으면서 활용하면 될 것이다.

04

의사결정 트리

의사결정 트리(decision tree)는 대용량 데이터 분석에 사용되는 기법이고, 데이터 마이닝에서 데이터의 특징을 파악하기 위한 용도로 많이 사용되고 있다.

데이터가 획득된 후에 특정 항목에 대한 특징은 산포도, 히스토그램으로 파악할 수 있지만, 데이터를 구성하는 여러 항목간에 연결된 성질은 산포도나 히스토그램으로 파악하기 어렵다. 이때 사용하는 것이 의사결정 트리이다. 일반적으로 사회과학 분야에서 발생하는 데이터는 여러 항목에 상호 연결된 경우가 많아서, 수집된 데이터의 특성을 파악하는데 의사결정 트리를 많이 사용한다.

의사결정 트리의 기능상 특징은 계층별로 항상 2개씩으로 분리하는 점이라고 할 수 있다. 층별로 3개 이상의 분리를 원하는 경우에는 별도의 분석 기법을 사용해야 한다. 하지만, 대부분의 경우에는 의사결정 트리로 충분하다.

의사결정 트리를 이용해서 주어진 데이터의 특성을 파악하는 과정을 실습해보자.

[분석을 위한 환경의 준비]

의사결정트리 분석을 사용하려고 하면 필요한 패키지를 설치하고, 사용할 수 있도록 준비해야 한다. 상세 내용은 다음과 같다.

```
> # 필요한 패키지의 설치
> install.packages("rpart")
> install.packages("rpart.plot")
>
> # 사용을 위한 준비
> library(rpart)
> library(rpart.plot)
```

[데이터의 준비 및 설명]

의사결정 트리 분석을 이해하기 위해서는 주어진 데이터에 대하여 정확히 이해하고 있어야 한다. 이번에 사용하는 데이터는 R에서 기본적으로 제공하는 iris 데이터다.

```
> iris  # 데이터의 모습을 보인다

    Sepal.Length Sepal.Width Petal.Length Petal.Width   Species
1            5.1         3.5          1.4         0.2 setosa
2            4.9         3.0          1.4         0.2 setosa
.............. (생략)
49           5.3         3.7          1.5         0.2 setosa
50           5.0         3.3          1.4         0.2 setosa
51           7.0         3.2          4.7         1.4 versicolor
52           6.4         3.2          4.5         1.5 versicolor
.............. (생략)
98           6.2         2.9          4.3         1.3 versicolor
99           5.1         2.5          3.0         1.1 versicolor
100          5.7         2.8          4.1         1.3 versicolor
101          6.3         3.3          6.0         2.5 virginica
102          5.8         2.7          5.1         1.9 virginica
103          7.1         3.0          5.9         2.1 virginica
.............. (생략)
149          6.2         3.4          5.4         2.3 virginica
150          5.9         3.0          5.1         1.8 virginica
>
```

이번에 사용할 데이터는 iris(붓꽃)에 대한 데이터이고 아래의 특징을 가진다.

- 총 150개의 데이터로 구성되어 있으며,
- 1 ~ 50은 iris 중에서 setosa라는 종이 가지는 특성에 대한 데이터,
- 51 ~ 100은 iris 중에서 versicolor라는 종이 가지는 특성에 대한 데이터,
- 101 ~ 150은 iris 중에서 virginica라는 종이 가지는 특성에 대한 데이터이다.
- 특성은 Sepal(꽃받침)의 Length(길이), Width(폭)에 대한 것과 Petal(꽃잎)의 Length, Width에 대한 것으로 구성된다.

이제 데이터에 대한 설명은 마쳤다.

독자가 분석가이고, iris 데이터를 얻었다면 이 데이터가 가지는 특성을 어떻게 파악하고자 하겠는가?

- Sepal(꽃받침)의 Length를 산포도로 그려보자. 여기에서 무엇을 발견할 수 있을까?
- Sepal의 Length와 Width 관계를 분석하는 것은 작은 의미가 있겠지만, 종들간의 관점에서 보면 한종의 특성을 분리하는 것이 큰 의미가 없다.

결론적으로 iris와 같은 데이터에서는 종을 기준으로 Sepal의 Length가 가지는 데이터 특성이 필요한데, 기존의 산포도나 돗수 분포표는 이러한 정보를 제공할 수 없다.

[의사결정 나무의 생성 및 분석]

Iris와 같은 형태의 데이터의 특성을 파악하려면 여러 가지 방법이 있겠지만, 의사결정 나무 기법을 사용하는 것이 유용하다.

==== 1 단계(데이터의 일반적 특성 파악) ======

```
> # Species를 기반으로 데이터를 분리하다

> m1<-rpart(Species~., data=iris)
> m1
n= 150

node), split, n, loss, yval, (yprob)
      * denotes terminal node

1) root 150 100 setosa (0.33333333 0.33333333 0.33333333)
  2) Petal.Length< 2.45 50    0 setosa (1.00000000 0.00000000 0.00000000) *
  3) Petal.Length>=2.45 100   50 versicolor (0.00000000 0.50000000 0.50000000)
    6) Petal.Width< 1.75 54    5 versicolor (0.00000000 0.90740741 0.09259259) *
    7) Petal.Width>=1.75 46    1 virginica (0.00000000 0.02173913 0.97826087) *

> # 분리된 데이터 정보가 읽기 어렵기 때문에, 이것을 그래프로 표시한다
> prp(m1, type=4, extra=2, digit=3) #그래프로 표시하라
```

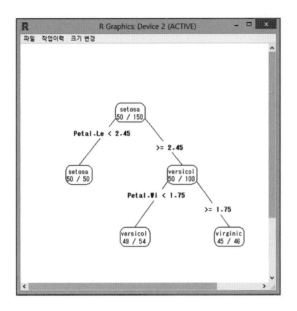

그래프로 표시된 것을 보면 데이터에 대하여 아래와 같은 정보를 알 수 있다.

- setosa 종은 총 150개의 데이터 중에서 50개이다.
- Petal.Length(꽃잎의 길이)를 기준으로 양분하려면, 기준치는 2.45가 적당하다.
  그럴 때, 꽃잎의 길이가 2.45가 안 되는 것은 총 150개 중에서 50개가 있으며, 그 중 setosa에 속하는 것이 50개
  이다.
- Petal.Length(꽃잎의 길이)를 기준으로 꽃잎의 길이가 2.45보다 큰 것은 100개가 있으며, 그 중 50개가 versicol
  종이다.
- Petal.Length(꽃잎의 길이)를 기준으로 꽃잎의 길이가 1.75보다 작은 것은 54개가 있으며, 그 중 49개는 versicol
  종이다.

주어진 데이터에 대하여 위와 같이 Species를 기준으로 데이터의 특성을 파악해 보았다면, 이제
는 Species와 다른 특성을 연결시켜서 데이터의 특성을 파악해 볼 필요가 있다.

==== 2 단계(데이터의 특성 상세화) ======

```
> # Species를 기반으로 Sepal.Length에 맞추어 데이터를 분리하라
>
> m3<-rpart(Species~Sepal.Length, data=iris)
> m3   # 분리된 데이터 정보를 보여라
n= 150
```

```
node), split, n, loss, yval, (yprob)
      * denotes terminal node

1) root 150 100 setosa (0.33333333 0.33333333 0.33333333)
  2) Sepal.Length< 5.45 52   7 setosa (0.86538462 0.11538462 0.01923077) *
  3) Sepal.Length>=5.45 98  49 virginica (0.05102041 0.44897959 0.50000000)
    6) Sepal.Length< 6.15 43  15 versicolor (0.11627907 0.65116279 0.23255814) *
    7) Sepal.Length>=6.15 55  16 virginica (0.00000000 0.29090909 0.70909091) *
>
> # 분리된 데이터 정보가 읽기 어렵기 때문에, 이것을 그래프로 표시한다
> prp(m3, type=4, extra=2, digit=3)  # 그래프로 표시
```

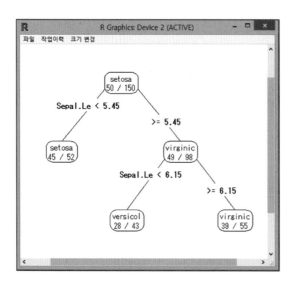

그래프로 표시된 것을 보면 데이터에 대하여 아래와 같은 정보를 알 수 있다.

- setosa 종은 총 150개의 데이터 중에서 50개이다.
- Sepal.Length(꽃받침의 길이)를 기준으로 양분하려면, 기준치는 5.45가 적당하다.
  그럴 때, 꽃받침의 길이가 5.45가 안 되는 것은 총 150개 중에서 52개가 있으며, 그 중 setosa에 속하는 것이 45개이다.
- Sepal.Length(꽃받침의 길이)를 기준으로 길이가 5.45보다 큰 것은 98개가 있으며, 이 중 virginic에 속하는 것이 49개이다.

- Sepal.Length(꽃받침의 길이)를 기준으로 길이가 6.15보다 작은 것은 총 43개가 있으며, 그 중 28개는 versicol 종이다.
- Sepal.Length(꽃받침의 길이)를 기준으로 길이가 6.15보다 큰 것은 총 55개가 있으며, 그 중 39개는 virginic 종이다.

위의 그래프와 그래프에서 읽어낸 정보는 데이터의 특성을 파악하는데 아주 유용하다. 하지만, 이것은 Specis를 기준으로 Sepal.Length만 고려하여 얻어낸 것이다.

당신이 분석가라면, Species를 기준으로 Sepal.Length, Sepal.Width, Petal.Length, Petal.Width를 차례로 수행하여 데이터의 특성을 파악할 수 있을 것이다.

잠깐! 알고 계신가요?   스마트머신은 무엇인가요?

2013년 가트너 사의 보고서에서 "스마트머신이란 자율적으로 행동하고 지능과 자기 학습 기능을 갖고 있으며 상황에 따라 스스로 판단하여 적응하고 지금까지 사람밖에 할 수 없다고 생각했던 작업을 실행하는 전자 기계"라고 정의하고 있다. 스마트머신의 궁극적인 목표는 화면이나 키보드를 벗어나는 새로운 인터페이스를 구축하는 것이다.

〈스마트머신의 3가지 타입〉
- Mover(움직이는 자)
  : 자동 주행차, 무인수송헬기, 무인공격기
- Sages(현명한 자)
  : 음성 어시스턴트, 의료진단 지원, 논문시험 채점
- Doers(행동하는 자)
  : 공장 작업 로봇, 재해 구조 로봇, 인간형 간병 로봇

〈스마트머신을 구현하는 4가지 기술〉
- 지식 부분 – 빅데이터
- 두뇌 부분 – 하드웨어 (**예** 센서, IoT, 웨어러블, 로봇)
- 신경 부분 – 네트워크
- 영리함 부분 – 알고리즘 (**예** 기계학습, 딥 러닝, 신경 언어 프로그래밍)

05

워드 클라우드

워드 클라우드는 텍스트로 된 데이터를 통해 가장 빈번하게 사용되는 텍스트를 선별하는 기법으로, 대용량 데이터 분석에서 사용되는 기법 중의 하나이다. R에서도 관련된 기능을 지원하고 있으므로 재미있게 실습해 보자.

[실습사례]

프로포즈를 하는 경우에 가장 영향이 큰 단어를 찾아내 보자. 이것을 위하여 워드 클라우드 기법을 사용한다. 이해를 위해 최종 결과를 제시하면 다음과 같다.

[그림 설명]

결과 화면을 보면 프로포즈하는 경우에 가장 많이 생각나거나, 사용되는 단어는 "이벤트", "와인", "반지", "조각", "커플", "디자인"과 같은 단어임을 알 수 있다.

[소스 입력]

```
> # 작업 디렉터리의 설정
> setwd("c:/workLog/R")

> # 필요한 패키지 설치
> # KoNLP는 한글 문장에서 명사를 추출하는 기능 등을 제공
> # wordcloud는 워드 클라우드를 만들기 위한 패키지
> install.packages("KoNLP")
> install.packages("wordcloud")
>
> # 설치한 패키지 로드
> library(KoNLP)
> library(wordcloud)
>
> # 세종 사전을 사용함
> useSejongDic()
>
> # 분석용 데이터를 txt 변수로 불러오기
> # 분석용 데이터는 인터넷 등에서 문자 형태로 된 메일이나 게시물의 내용을
> # 복사하여 텍스트의 형태로 하나의 파일에 모아 놓은 것이다.
> # 이 자료가 크면 클수록 결과의 정확도가 높아지는 것은 당연한 일 !!!
> # 자료의 모습은 뒷부분에 있다.
>
> txt<-readLines("propose.txt")     # 내용은 뒷부분에 있음
>
> # 데이터 중에서 명사만 골라서 place에 할당
> # KoNLP에서 제공하는 extractNoun을 사용하여 명사 추출
> place<-sapply(txt, extractNoun, USE.NAMES=F)
> place
>
> # 추출된 명사를 30개만 출력해봄
> head(unlist(place), 30)
>
```

```
> # 필터링을 위해 unlist 작업을 해서 저장
> c<-unlist(place)
>
> # 두 글자 이상 되는 것만 필터링하기
> place<-Filter(function(x) {nchar(x) >=2 }, c)
>
> # 원하지 않는 내용 걸러내기
> place <-gsub("네이버","", place)
> place <-gsub("프로포즈","", place)
> place <-gsub("선물","", place)
> place <-gsub("조회","", place)
> place <-gsub("와이프","", place)
> place
>
> # 파일로 저장한 후, 테이블 형태로 변환하여 불러온다.
> write(unlist(place), "propose_2.txt")
>
> # 수정 완료된 파일을 table 형식으로 변환하여 다시 불러온다
> rev<-read.table("propose_2.txt")
>
> # text 형태로 결과를 확인
> nrow(rev)    #데이터 건수의 확인
> wordcount<-table(rev)    #테이블 형태로 변환하여 wordcount 변수에 할당
> head(sort(wordcount, decreasing=T), 30)  #상위 30개의 조회
>
>
> # 그래픽 출력을 위한 라이브러리 로드
> library(RColorBrewer)
> palete<-brewer.pal(9, "Set1") # 글자 색의 지정
>
> # 출력 지시
> wordcloud(names(wordcount), freq=wordcount, scale=c(5,0.5), >rot.
per=0.25,min.
+ freq=1, random.order=F, random.color=T, colors=palete)
>
> # 결과의 저장
> savePlot("proposepng", type="png")
```

[분석을 위해 텍스트 자료를 하나의 파일로 모아 놓은 것]

propose.txt 파일로서, 웹의 내용을 Copy/Paste 기법을 이용하여 하나의 파일에 모아놓은 것이다. 양이 많을수록 분석 결과가 좀 더 정확해질 것이다.

워드 클라우드 기법은 웹이나 관련 자료를 텍스트 형태로 모아 앞에서 설명한 방식으로 분석하면 된다. 다만, 추가로 설명할 것은 분석되어 나온 결과를 보고, 분석과 상관없는 단어가 포함되어 있다면, 앞의 소스 중에서 "원하지 않는 내용 걸러내기" 부분에 상관없는 단어를 포함시킨 후에 수행하는 과정을 반복하게 된다.

결론적으로 한 번에 최적의 결과가 나오는 것이 아니고, 상관없는 단어를 반복적으로 걸러내는 과정을 통해서 좋은 결과를 얻을 수 있다.

06

몬테카를로 시뮬레이션

난수를 이용한 시뮬레이션을 여러 번 반복 실행해서 문제에 대한 근사 해를 얻는 방법으로 다양한 분야에서 활용이 가능하다.

R에서 제공하는 프로그램 기능을 활용하여 실행이 가능하므로, 사례와 응용 예를 설명한다.

[동전 던지기 시뮬레이션(기본)]

```
> # 부분 모듈을 함수로 정의한다
>
> coin<-function() {
+    x<-runif(1)   # 0~1 사이의 난수 생성
+
+    if(x<=1/2)
+        result<-1
+    else
+        result<-0
+
+    return(result)
+ }
>
> # 동전 던지기의 몬테카를로
> # 시뮬레이션을 실행한다.
>
> montecarlo<-function(n) {
+    count<-0
+
```

```
+    for(i in 1:n) {
+        count<-count+coin()
+    }
+
+    return(count/n)
+
+ }
>
> # 시뮬레이션 실행
> montecarlo(10000)
[1] 0.4983
>
```

[동전 던지기 시뮬레이션(응용)]

```
> # 부분 모듈을 함수로 정의한다
>
> coin<-function() {
+    x<-runif(1)    # 0~1 사이의 난수 생성
+
+    if(x<=1/2) men<-1
+    else men<-0
+    return(men)
+ }
>
> # 부분 모듈을 함수로 정의한다.
> coinFunction <- function(n) {
+    count <- 0
+
+    for( i in 1:n) {
+        x<-coin()
+        if(x==1) count<-count+1;
+    }
+    return(count)
+}
>
> # 시뮬레이션 정의
> coinSimulation <-function(n) {
```

```
+    count <- 0;
+    for(i in 1:n) {
+        count <- count + coinFunction(20)
+    }
+
+    return(count/n)
+}
>
> # 시뮬레이션 실행
> # 20번을 한단위로 50단위 수행
> coinSiumulation(50)
[1] 10.02
>
```

[면적 구하기 시뮬레이션(응용)]

(문제)

오른쪽과 같은 상황에서 $\frac{1}{4}$ 원에 해당하는 부분의 면적을 구하려면 어떻게 하면 되는가?

(해법)

주어진 면적의 임의의 점은 $Z^2 = X^2 + Y^2$에서 $Z = \sqrt{Z^2 + Y^2}$ 으로 구할 수 있다.

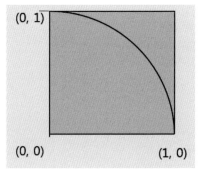

그러므로 임의의 점을 수백 개 생성하여 이것이 $\frac{1}{4}$ 원에 들어가는 지를 점검해서(= 생성한 점의 Z값이 1보다 작은 지를 검사한다) 해당되는 점의 숫자를 전체 생성 개수로 나누게 되면 면적을 구할 수 있다.

동일한 개념이 다양한 형태의 면적을 구하는데 사용한다.

```
> area <- function(n) {
+   count <-0;
+
+   for(i in 1:n) {
+       point <-runif(2)   # 0~1 사이의 난수 2개 발생(X, Y 값으로 가정할 수 있다)
+
+       if(sqrt(point[1]^2+point[2]^2) < 1) {
+           count <- count +1; #속하는 점의 숫자를 센다
+       }
+
+   }
+   return(count/n)
+}
>
> area(1000)
[1] 0.78
>
```

잠깐! 알고 계신가요?	콘텍스트 테크놀로지란 무엇인가요?

콘텍스트 테크놀로지는 컴퓨터가 사용자의 사정이나 배경을 알고 있어서 필요로 하는 서비스를 적절하고 정확하게 예측하거나 판단할 수 있게 하는 기술이다.

빅데이터의 정보를 기반으로 인공지능 기법을 활용하여 인간이 수행하는 취미, 관심, 행동패턴, 스케줄 등에 대한 정보를 기반으로 정보를 추천하고 자동 조작하고 안내하거나 예약, 사전 고지의 업무를 수행하는 것이 대표적인 예라고 할 수 있다.

⬛ 요점 정리

1. R을 활용할 수 있는 분야는 다양하다.

   - 통계 분석
   - 데이터의 그래프 표현
   - 시뮬레이션
   - 소셜네트워크 분석
   - 의사결정 트리
   - 워드 클라우드
   - 신경망

2. R을 기반으로 하는 적용 범위는 계속 확장되고 있어서, 현 시점에서 내가 필요한 기능이 있다면 R의 패키지 중에 있다고 보아도 좋다.

3. 최근에는 R을 기반으로 데이터 마이닝을 수행하는 경우가 많아지고 있다. 물론, 이것은 빅데이터 분석을 수행하려는 최근의 흐름과도 일치한다. 여기에 R에서 지원 가능한 데이터 마이닝 기법의 종류를 정리해 본다. 관심있는 독자들은 개개의 기법에 대해 자료를 찾아서 공부하면 된다.

   [R을 활용한 데이터마이닝 기법의 종류]

   - Structured Equation Model(SEM)
   - Decision Tree : 앞에서 설명한 것
   - Random Forest
   - K-means Clustering
   - Hierarchical Clustering
   - Outler Detection
   - Time Series : 앞에서 설명한 것
   - Association Rule
   - Text Mining : 앞에서 설명한 것
   - Social Network Analysis : 앞에서 설명한 것

Chapter

6

R 사용을 위한 Tip

이번에는 필요한 내용이기는 하지만 다른 부분에 포함시키기 어려웠던 것들을 모아서 하나의 장으로 분리하였다. 유용한 명령어와 다양한 보조 도구들에 대한 정보까지 제공하고 있으며, 개인적으로 R에서 가장 중요하다고 생각하는 "데이터의 특성 시각화" 부분에 대한 요령을 정리하였다.

01 개요
02 일반적인 명령어
03 데이터 처리
04 데이터를 그래프로 표현하는 방법
05 R을 활용하는 도구
06 R 명령어 정리

01

개요

이번에는 R을 이용하고 활용하는 초보자가 반드시 알아야 할 필요는 없지만, 앞으로 사용하면서 알아두면 편리하게 사용할 수 있는 명령어와 기능에 대하여 5가지로 분류하여 정리한다.

솔직하게 말하면, 필자가 R을 사용한다면 거의 사용하지 않는 기능이지만 대부분의 경우, 다른 사람이 작성한 R 프로그램을 수정하여 분석 작업을 수행하는 경우가 많다.

이때, 동일하지만 다양한 형태의 명령어가 사용되므로, 독자들이 다른 사람의 프로그램을 이해하는데 도움이 되고자 필요한 내용을 정리한다.

이 장의 학습 내용

일반적인 명령어
데이터 처리
데이터를 그래프로 표현하는 방법
R을 활용하는 방법

이번 장의 내용은 R의 철학과 전체적인 기능을 이해하는 측면에서 중요하다. 다만, 초보자가 처음부터 이 부분을 공부할 필요는 없다.

앞의 내용을 이해한 후에,

좀 더 깊은 내용을 이해하고자 하는 경우에 천천히 읽어 보면 도움이 될 것이다. 설명이 제법 어렵게 되어 있다. 천천히 잘 읽어보자.

02

일반적인 명령어

R을 사용할 때 알아야 하는 일반적인 규칙에 대해 설명한다.

R을 실행한 후에 화면에 나타나는 〉 표시는 키보드로 입력하라는 신호이다. 만약, 〉 표시 다음에 명령어를 입력하다가 실수하거나 혹은 라인의 끝이 되어서 다음 줄로 넘어가게 되면, 화면 + 표시가 나오게 된다. 이것은 명령어의 입력을 완료하라는 신호이다. 그러므로 계속해서 명령어를 입력하면 된다.

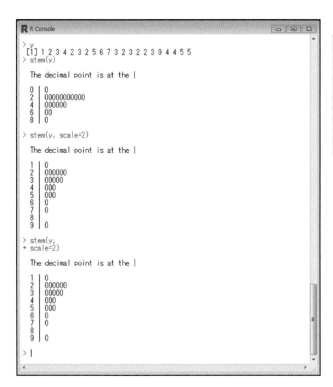

- 'stem()' 명령어는 주어진 자료를 그룹화하고, 각 그룹에 속한 것이 몇 개나 있는지를 한 눈에 보여주는 명령어이다(데이터 분석에 도움이 되는 명령어).
- 〉가 표시되면 stem 명령어를 입력하면 된다.
- 명령어를 입력하다가 완료되지 않고, Enter 를 입력하면 계속 입력하라는 + 가 표시된다.

〉명령어 입력 전 상태에서 up/down 화살표(⬆, ⬇)를 누르면, 이전 명령어나 다음 명령어가 나온다(키보드 입력의 수고를 덜어주는데 도움이 된다).

R에는 도움말과 데모가 많이 있다. 이것을 잘 활용하는 것이 R의 기능을 파악하는데 많은 도움이 된다.

- 특정 명령어에 대해 도움말을 구하려면, '〉help(명령어)'의 형식을 사용한다.

  (예) 〉help (rm)　　# rm 명령어에 대한 도움말 보기

- 명령어를 정확히 알고 있다면, '〉?read.table'의 형식을 사용한다.
- 개략적인 주제는 알지만, 명령어를 모를 때는 '〉help.search("data input")'을 사용한다.
- 특정 함수가 어떤 패키지에 속하는지를 알고자 할 때는 '〉find("lowess")'를 사용한다.
- 특정 함수의 사용 예를 보고자 할 때는 '〉example(lm)'을 사용한다.

R에 대한 관심을 높이기 위해 다양한 데모를 보고 싶으면 '〉demo()'의 형식을 사용한다.

예 〉demo ()　　　　#어떤 데모가 있는지를 보여준다. 데모 리스트 중에서 persp을 선정
　 〉demo (persp)　#persp 데모를 실행

[데모를 실행시키는 화면과 실행된 결과]

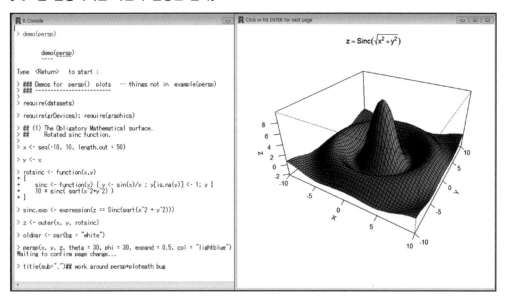

R에서 자주 사용되는 명령어에 대해 복습도 할겸, 간단하게 예를 설명한다(str, dir, summary 명령어).

```
R Console                                           [□][回][※]
> y <- c(1,2,3,4,7,8)
> str(y)
 num [1:6] 1 2 3 4 7 8
> y
[1] 1 2 3 4 7 8
> dir()
 [1] "host"
 [2] "hosts"
 [3] "host파일자동변경.zip"
 [4] "jeju_minho_2.txt"
 [5] "My Music"
 [6] "My Pictures"
 [7] "My RoboForm Data"
 [8] "My Videos"
 [9] "OneNote 전자 필기장"
[10] "Outlook 파일"
[11] "output.txt"
[12] "output3.txt"
[13] "전산 정보 팀 유지보수_업체_조직도[1].pptx"
[14] "카카오톡 받은 파일"
> summary(y)
   Min. 1st Qu.  Median    Mean 3rd Qu.    Max.
  1.000   2.250   3.500   4.167   6.250   8.000
```

- str 명령어는 변수의 형과 자료를 보여준다.
- 변수의 이름을 > 에서 바로 입력하면 변수의 내용을 보여준다.
- Dir은 현재 작업중인 디렉터리의 파일 리스트를 보여준다.

- Summary는 변수의 기본 통계량을 보여준다.

> setwd("c:/minho/test")	#현재 작업하는 디렉터리 변경
> ls()	#R에 선언된 변수 또는 함수명 확인 시
> ls.str()	#사용하는 변수나 함수에 대한 정보를 자세히 확인
> rm(area)	#area 변수를 삭제
> search()	#패키지 종류 확인 시
> install.packages("abc")	#abc 패키지 설치
> library(abc)	#abc 패키지 사용 준비

03

데이터 처리

R로 통계 분석을 하려면 주어진 데이터를 조작하는 과정이 많이 필요하게 된다. 이번 장에서는 데이터 조작에 관련된 기능을 정리해 보도록 한다.

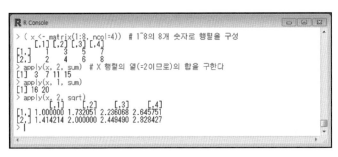

- matrix 명령어로 행렬을 구성한다.
- apply 명령을 이용하여 행렬에 대한 연산을 할 수 있다. 이때, 1은 행, 2는 열을 뜻한다.
- apply(x, 1, sum)과 같이 데이터, 대상, 연산의 순서로 명령어를 구성한다.

만약 위의 예에서 행렬을 구성하는 각 요소에 2를 더하고 싶다면 어떻게 해야 할까?

```
> apply(x, c(1,2), function(x) x+2)    # c(1,2)의 의미는
```

```
R Console
> (y <-matrix(1:8, ncol=2))
     [,1] [,2]
[1,]    1    5
[2,]    2    6
[3,]    3    7
[4,]    4    8
> apply(y, c(1,2), function(x) x+2)
     [,1] [,2]
[1,]    3    7
[2,]    4    8
[3,]    5    9
[4,]    6   10
> |
```

그 외에 알아두면 좋은 기능을 아래에 정리했습니다(매우 유용한 기능).

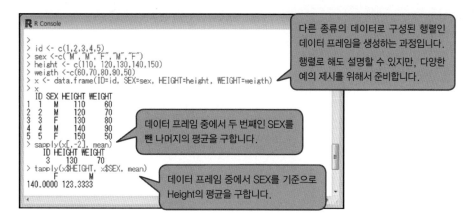

sweep( ) 함수를 이용한 행렬 처리 : 주어진 행렬에서 일정값을 빼는 기능

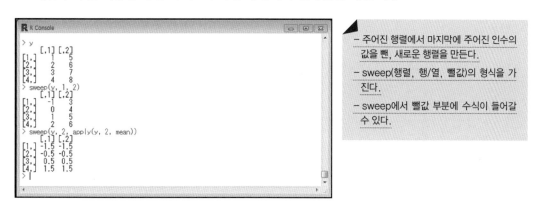

- 주어진 행렬에서 마지막에 주어진 인수의 값을 뺀, 새로운 행렬을 만든다.
- sweep(행렬, 행/열, 뺄값)의 형식을 가진다.
- sweep에서 뺄값 부분에 수식이 들어갈 수 있다.

벡터로 생성된 데이터에 대해서는 각 항목마다 이름을 부여해서 다룰 수 있다.

```
> number <- c(1:5)         # 벡터를 생성한다
> names(number)            # 벡터의 이름을 조회한다
NULL                       # 당연히 없다
> names(number) <- c("A","B","C","D","E")      # 벡터의 단위별로 이름을 부여한다
> names(number)            # 벡터의 이름을 조회한다
[1] "A" "B" "C" "D" "E"
> number["B"]              # 벡터의 이름으로 값을 조회해 본다
B
2
```

벡터의 항목을 다루는 법에 대한 간단한 예를 제공한다.

데이터 프레임이나 리스트형의 데이터인 경우에 다루는 방법에 대하여 확인하기 바란다.

대부분 x$HEIGHT와 같이 쓰겠지만, 다른 사람이 작성한 프로그램을 참조하는 경우를 대비하여 다른 방식도 익혀두기 바란다.

프로그램을 작성할 때, 사용할 수 있는 데이터 처리 명령어의 사용 예를 제공한다.

```
> number3 <- c(1,2,3,4,5,6) # 벡터형의 자료를 생성(이름은 number3)
> number3
[1] 1 2 3 4 5 6
> k <- which.max(number3)    # 자료 중에서 가장 큰 것을 뽑아서 k에 넣는다
> k
[1] 6
> j <- which.min(number3)    # 자료 중에서 가장 작은 것을 뽑아서 j에 넣는다
> j
[1] 1
>
[1] 6 5 4 3 2 1
>
> number2 <- c(5,4,3,3,7,2,7)    # 벡터형의 자료를 생성 (이름은 number2)
> sort(number2)        # 자료를 정렬한다 - rev 명령어와 비교할 것!
[1] 2 3 3 4 5 7 7
> unique(number2)      # 자료 중에서 중복되는 것을 뺀다. 3, 7이 중복이어서 한번만 나타남
[1] 5 4 3 7 2
> table(number2)       # 자료가 값 별로 몇 번 나타나는지를 보여준다. 2는 1번, 3은 2번...
number2
> rev(number3)   # number3 자료형의 자료를 역순으로 정렬한다
2 3 4 5 7
1 2 1 1 2
>
> cut(number2, breaks=5)   # number2의 자료를 5개의 범주로 나누어서 분류한다
```

```
[1] (4,5] (3,4] (2,3] (2,3] (6,7] (2,3] (6,7]
Levels : (2,3] (3,4] (4,5] (5,6] (6,7]    # 5단계로 나뉨
>
> pos=which(number2==3)  # number2의 값 중에서 3인 것의 위치를 pos에 입력한다
> pos
[1] 3 4
>
> sample(number2, 2)  # number2 중에서 임의의 값을 2개 뽑는다. 실행 시마다 값이 다름
[1] 2 5
>
```

04

데이터를 그래프로 표현하는 방법

R을 기반으로 데이터를 시각화 하는 과정에 대해 사례를 설명하였다. R을 활용하면서 이번 장에서 제시하는 사례와 과정은 진정한 R의 활용 방법에 대한 방향성을 확립하는 데 도움을 줄 것이다.

이번 장에서 사용되는 데이터와 자료의 출처는 'Bioinformatics Zen'의 How to draw simple graphs in R의 내용을 기반으로 한다.

R을 사용하여 데이터를 그래프로 표현하는 것은 R을 사용하는 가장 큰 이유이기도 하고, R이 다른 제품에 비해 탁월한 기능을 보유한 부분이기도 하다. 하지만, 실제 실행하려고 하면 생각보다 쉽지 않다. 이번에는 R을 이용하여 데이터를 그래프로 표현하는 과정을 단계별로 설명한다.

사용하는 데이터는 아래의 4가지로 구분하여 각각의 경우에 대한 예를 제공한다.

데이터의 분류

> Categorical data
> Continuous data
> Factored categorical data
> Factored continuous data

1 Categorical data

숫자가 아닌 값을 가지고 있는 경우를 말한다.

예 대/중/소 형태로 데이터를 가지고 있는 경우

테스트를 위해 사무직, 생산직, 영업직에 근무하는 사람들이 하루에 먹는 커피의 잔 수를 조사한 데이터를 기반으로 분석을 실행한다.

작업할 디렉터리를 설정하고, 데이터를 불러온 후 데이터를 원하는 형태로 변형하고, 데이터를
그래프로 표현한다.

[실습]

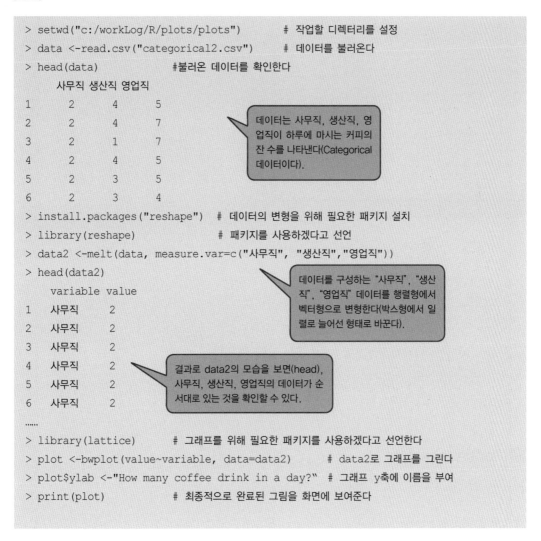

```
> setwd("c:/workLog/R/plots/plots")        # 작업할 디렉터리를 설정
> data <-read.csv("categorical2.csv")      # 데이터를 불러온다
> head(data)                    #불러온 데이터를 확인한다
      사무직 생산직 영업직
1       2      4      5
2       2      4      7
3       2      1      7
4       2      4      5
5       2      3      5
6       2      3      4
> install.packages("reshape")   # 데이터의 변형을 위해 필요한 패키지 설치
> library(reshape)                       # 패키지를 사용하겠다고 선언
> data2 <-melt(data, measure.var=c("사무직", "생산직","영업직"))
> head(data2)
      variable value
1     사무직     2
2     사무직     2
3     사무직     2
4     사무직     2
5     사무직     2
6     사무직     2
……
> library(lattice)       # 그래프를 위해 필요한 패키지를 사용하겠다고 선언한다
> plot <-bwplot(value~variable, data=data2)       # data2로 그래프를 그린다
> plot$ylab <-"How many coffee drink in a day?"   # 그래프 y축에 이름을 부여
> print(plot)               # 최종적으로 완료된 그림을 화면에 보여준다
```

데이터는 사무직, 생산직, 영업직이 하루에 마시는 커피의 잔 수를 나타낸다(Categorical 데이터이다).

데이터를 구성하는 "사무직", "생산직", "영업직" 데이터를 행렬형에서 벡터형으로 변형한다(박스형에서 일렬로 늘어선 형태로 바꾼다).

결과로 data2의 모습을 보면(head), 사무직, 생산직, 영업직의 데이터가 순서대로 있는 것을 확인할 수 있다.

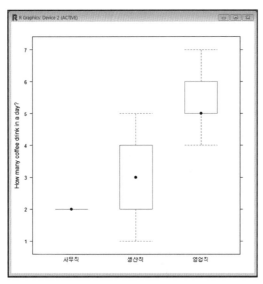

[그림 6.1] Categorical Data 결과 화면

이 그림을 통해 단순히 숫자로는 파악하기 어려웠던 데이터의 특성을 파악할 수 있다.

- 사무직은 하루에 2잔씩 마시네요.
- 생산직은 1~5잔을 마시네요.
- 영업직은 4~7잔을 마시네요.

예를 들어 이 정도 단계가 되면 분석의 방향을 정할 수 있다.

- 영업직이 커피를 많이 마시는 중요 요인은?
- 생산직과 영업직이 커피를 소비하는 시간대는? 등등

② Continuous data

숫자 형태로 되어 있는 데이터를 말하며, 일반적인 형태라고 볼 수 있다.

테스트를 위하여 사무직, 생산직, 영업직에 근무하는 사람들이 커피를 마시기 위해 이동하는 거리와 생산성에 대한 데이터를 가지고 작업해 보도록 하겠다.

작업할 디렉터리를 설정하고, 데이터를 불러온 후 데이터를 그래프로 표현한다. 그리고 보다 나은 표현을 위해 그래프에 추가적인 작업을 수행한다.

[실습]

```
> setwd("c:/workLog/R/plots/plots")
> data <- read.csv("continuous2.csv")
> head(data)
  이동거리    생산성
1 54.86337 35.05450
2 53.97946 35.66953
3 53.74379 35.00325
4 41.41431 35.23826
5 73.96309 32.07927
6 58.19178 33.35028
>
> library(lattice)
> plot <-xyplot(이동거리 ~ 생산성, data=data)
> plot$xlab <-"커피를 위한 이동 거리"
> plot$ylab <-"주간 생산성"
> print(plot)
```

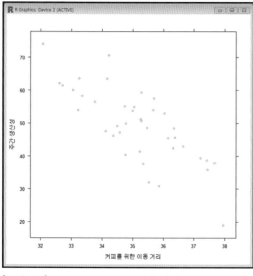

왼쪽의 그래프는 커피를 위한 이동 거리가 짧을수록 생산성이 높아진다는 것을 보여준다.

생산성과 이동 거리 데이터 사이에 있는 연관성을 그래프로 보여주는 것이다.

추가적으로 그려진 그래프에 보다 확실한 연관성을 보여주려고, 선을 추가하는 예를 아래에 제시한다.

[그림 6.2] Continuous Data 결과 화면

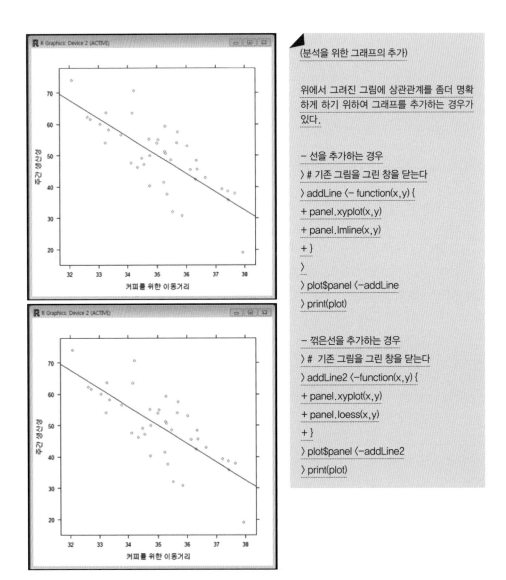

❸ Factored categorical data

앞에서 사무직, 생산직, 영업직이 커피를 마시는 경향을 살펴보고 그래프로 표현해 보았다.

이번에는 계절에 따른 사무직, 생산직, 영업직의 커피 소비 동향을 보고자 한다. 이런 경우를 범주형 데이터(=categorical data)에 분석요소(=factor)를 추가했다고 해서 Factored categorical data라고 한다.

[실습]

```
> data <-read.csv("categorical_categorical2.csv")  # 데이터를 읽어온다
> head(data)  # 읽어온 데이터의 확인
    겨울사무직.  겨울생산직.  겨울영업직.  여름사무직.  여름생산직.  여름영업직.
1           2           2           4           0           1           7
2           2           2           5           0           2           6
3           2           4           6           0           5           8
4           2           4           4           0           3           7
5           2           2           5           0           1           6
6           2           1           4           0           2           8
> winter <- data[, 1:3]  # 불러온 데이터의 앞 3개 열을 winter 변수에 할당
> summer <- data[, 4:6]  # 불러온 데이터의 뒤 3개 열을 summer 변수에 할당
>
> # 데이터의 분석을 위해 형태를 3개의 열에서 1개의 열로 변경한다.
> # melt 명령어를 사용하기 위해서는 >library(reshape)를 수행해야 한다
>
> winter <-melt(winter, measure.var=c("겨울사무직.","겨울생산직.","겨울영업직."))
> summer <-melt(summer, measure.var=c("여름사무직.","여름생산직.","여름영업직."))
> head(winter)  # 1열로 고쳐진 데이터의 모습을 확인한다. >head(summer)도 동일
      variable value
1 겨울사무직.       2
2 겨울사무직.       2
3 겨울사무직.       2
4 겨울사무직.       2
5 겨울사무직.       2
6 겨울사무직.       2
>
> summer <-cbind(summer, season="summer")  # summer 데이터에 season 열을 추가
> winter <-cbind(winter, season="winter")  # winter 데이터에 season 열을 추가
> head(winter)  # 데이터의 모습 확인 (앞부분)
      variable value season
1 겨울사무직.       2 winter
2 겨울사무직.       2 winter
3 겨울사무직.       2 winter
4 겨울사무직.       2 winter
5 겨울사무직.       2 winter
6 겨울사무직.       2 winter
```

```
>
> tail(summer)  # 데이터의 모습 확인  (뒷부분)
      variable value season
55 여름영업직.      6 summer
56 여름영업직.      6 summer
57 여름영업직.      5 summer
58 여름영업직.      6 summer
59 여름영업직.      6 summer
60 여름영업직.      7 summer
> data <-rbind(winter,summer)  # winter와 summer를 연결하여 새로운 데이터 생성
> head(data)
      variable value season
1 겨울사무직.      2 winter
2 겨울사무직.      2 winter
3 겨울사무직.      2 winter
4 겨울사무직.      2 winter
5 겨울사무직.      2 winter
6 겨울사무직.      2 winter


> # 만들어진 데이터의 변수 이름을 축소한다
> levels(data$variable)[4:6] <-levels(data$variable)[1:3]
> levels(data$variable)   # 변수의 이름을 확인한다
[1] "겨울사무직." "겨울생산직." "겨울영업직."
>
> plot <-bwplot(value~variable|season, data=data)   # 그래프를 그리고
> plot$ylab="하루 커피 소비량"   # y축의 이름을 부여한다
> print(plot)  # 그림을 화면에 보여준다
```

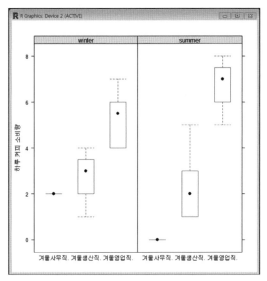

[그림 6.3] Factored Categorical Data 결과 화면

위의 그림을 통해 사무직, 생산직, 영업직 간의 커피 소비 패턴이 겨울과 여름에 어떻게 다른지에 대해 한 눈에 파악할 수 있다.

4 Factored continuous data

연속적인 데이터에 특정 분류를 위한 요소(Factor)를 추가하여 분석하는 사례를 살펴보자.

[실습]

```
> data <-read.csv("continuous_categorical2.csv")      # 데이터를 불러온다
> tail(data)                    # 데이터 내용을 확인한다
        물      물생산성      차      차생산성  위스키        위스키생산성
25 0.9101507 38.90315 0.8965150 27.53754 0.8497119        32.65504
26 0.8537829 40.00379 1.0540030 28.08845 1.1262092        25.41962
27 1.2909904 41.78318 0.2157408 33.15983 1.3813682        18.39997
28 1.0065240 39.54596 1.5030661 27.41649 0.7827459        33.33668
29 1.1355656 40.23678 1.0292765 29.22014 0.5535674        32.54445
30 1.1832813 38.68881 0.6449888 29.65416 0.3844322        32.97372

> # 데이터를 물, 차, 위스키의 3부분으로 나누어서 분리 작업을 실행한다
> water <- cbind(data[,1:2], drink="water")  # 데이터 1,2번 열과 drink 열을 추가
> tea <-cbind(data[,3:4], drink="tea")
```

```
> flask <-cbind(data[,5:6], drink="flask")
>
> head(water)                # 작업된 데이터의 내용을 파악한다
        물       물생산성    drink
1 0.4172023 33.99677 water
2 0.9628104 40.04022 water
3 1.3025050 40.78758 water
4 1.3352481 40.19776 water
5 0.8253107 38.38265 water
6 1.5136886 40.61841 water
>
> tail(tea)
         차       차생산성    drink
25 0.8965150 27.53754   tea
26 1.0540030 28.08845   tea
27 0.2157408 33.15983   tea
28 1.5030661 27.41649   tea
29 1.0292765 29.22014   tea
30 0.6449888 29.65416   tea


> #   데이터의 모습을 보니, 열의 이름이 모두 다르다. 이것을 통일시키자
> col.names <- c("volumn","productivity")    # 열의 이름을 설정
> names(water)[1:2] <- col.names               # 열의 이름을 기존 자료에 할당
> names(tea)[1:2] <- col.names
> names(flask)[1:2] <- col.names
>
> # 새로운 열의 이름을 부여한 3개의 데이터를 하나의 긴 데이터로 통합
> data <-rbind(water,tea,flask)
> head(data)
      volumn productivity drink
1 0.4172023     33.99677 water
2 0.9628104     40.04022 water
3 1.3025050     40.78758 water
4 1.3352481     40.19776 water
5 0.8253107     38.38265 water
6 1.5136886     40.61841 water
>
```

```
> plot <-xyplot(productivity~volumn|drink, data=data)
> plot$xlab <-"하루에 평균 마시는 양"
> plot$ylab <-"주간 생산성"
> panel <- function(x,y) {
+ panel.xyplot(x,y)
+ panel.loess(x,y, col="red", lty=2)
+ }
> plot$panel <- panel
> print(plot)
>
```

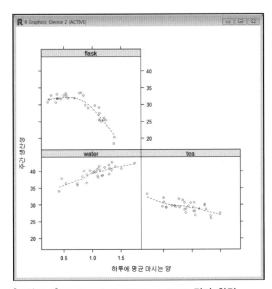

[그림 6.4] Factored Continuous Data 결과 화면

05

R을 활용하는 도구

R 자체만으로도 멋진 도구라고 할 수 있지만, 실무에서 무언가를 하고자 하면 R만으로는 시간과 노력이 너무 많이 소요되는 경우가 많다.

그래서 R을 기반으로 특정 작업을 하는데 도움이 되는 정보를 이곳에 모아본다.

R을 사용하기 위한 환경의 종류는 많다. 이 책에서는 대부분 R에서 기본으로 제공하는 R GUI를 사용했지만, 실무에서 사용하는 경우에 다양한 IDE를 활용하면 좀 더 편하게 R을 사용할 수 있다.

[R GUI]

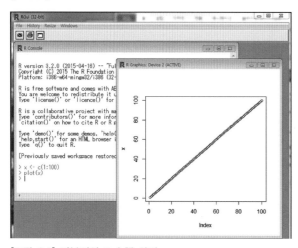

[그림 6.5] 기본적인 R 수행 화면

'c:\Program Files\R\R-3.2.2\etc\Rconsole'에서 다음과 같이 변경하면 각 동작마다 별도의 창을 열어서 작동하게 된다.

```
## Style
# This can be 'yes' (for MDI) or 'no' (for SDI).
# MDI = yes
  MDI = no
```

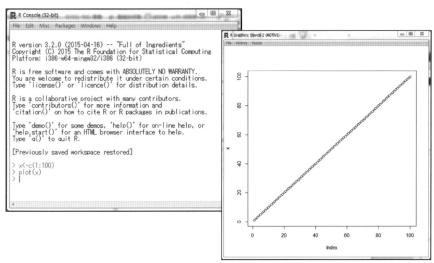

[그림 6.6] 설정을 수정한 수 R의 수행 화면

[R Studio]

www.rstudio.org에서 무료로 얻을 수 있는 R 사용을 위한 IDE(통합 개발 환경)이다. 다운로드하여 설치한 후에 수행한 화면은 다음과 같다.

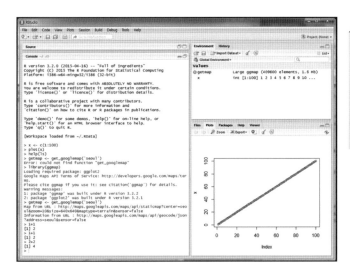

좌측의 화면을 그냥 사용해도 좋지만, 그림의 화살표가 지적하는 곳을 마우스로 누르게 되면 다음과 같이 화면이 4개의 영역으로 분할되어 보여진다.

다른 창에서도 동일한 기능이 제공된다. 화면의 오른쪽 2개의 창에 대해서 실습해 보자.

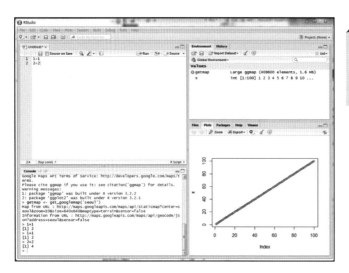

R studio의 기본 화면은 다음과 같다.

특징은 기본적인 R GUI를 사용하면 별도의 창에서 보여지고, 따로 명령어를 입력해야 볼 수 있는 내용을 기본적으로 보여주기 때문에, 사용자가 편리함을 느끼게 된다.

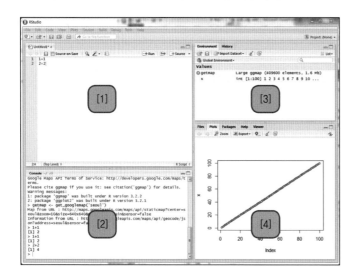

1번 영역 : 실행하고자 하는 명령어를 입력하고, 실행하고자 하는 부분을 마우스로 드래그하면, 색이 칠해진다. 이 상태에서 Run 명령어를 마우스로 클릭하면 2번 영역에서 선택된 명령어가 실행되고 결과를 볼 수 있다.

R의 경우에, 동일한 명령어를 반복해서 실행하는 경우가 대부분이다. 이 경우에 1번 영역에 명령어를 입력하고, 필요한 부분을 실행하고, 결과를 확인한 후에 명령어를 수정하고, 다시 실행하는 과정을 반복하게 된다(R studio를 사용하면 편리하다).

2번 영역 : 실행하고자 하는 명령어를 입력하고, 실행하는 부분이다. 자체에서 명령어를 입력하여 실행할 수 있다. 추가로, 1번 영역에서 Run을 클릭하면 2번 영역에서 결과를 확인할 수 있다.

3번 영역 : Environment와 History의 두 가지 정보를 보여준다.

- **Environment** : R을 사용하면서 선언한 변수나 자료형, 입력한 명령어 등에 대한 것을 순서대로 보여준다. R을 사용하면서 ls( ) 명령어로 반복해서 확인해야 하는 작업을 미리 보여주는 부분으로 유용한 정보이다.
- **History** : 2번 영역에 입력되었던 명령어들을 순서대로 보여준다. 여기에서 특정 명령어를 마우스로 더블클릭하면, 해당되는 명령어가 2번 영역에 자동으로 입력되어서, 다시 명령어를 입력하는 수고를 덜 수 있다.

4번 영역 : Files, Plots, Packages, Help, View의 정보를 제공한다.

- **Files** : 특정 디렉터리의 파일 정보를 보여주는 부분이다. 파일 탭을 선정한 후에 오른쪽의 부분을 클릭하게 되면 디렉터리의 위치를 바꿀 수 있다.
- **Plots** : 2번 영역의 수행결과가 그래프인 경우에 결과를 보여주는 부분이다. Export 명령어를 이용하면, 그림을 이미지나 pdf로 저장하거나, 클립보드에 저장하여 다른 프로그램에 copy/paste할 수 있다.
- **Packages** : 사용 중인 R에 설치된 패키지들의 정보를 보여주는 부분이다. 새로운 패키지의 설치도 가능하다.
- **Help** : 2번 영역에서 Help 명령어를 수행한 결과가 보여지는 부분이다. 자체적으로 필요한 명령어를 입력하면 Help 파일 정보를 보여주는 기능도 있다.
- **Viewer** : 로컬에 있는 웹 내용을 확인할 때, 사용하는 부분으로, rstudio::viewer를 설정해서 사용해야 한다. 많이 사용하지 않으므로 추후 필요하면 매뉴얼을 확인하면 된다.

[R commander]

R에서 사용할 수 있는 유용한 IDE이다. 기본으로 제공되는 R GUI 보다 나은 성능을 제공한다. 특이 사항은 R 패키지의 형태로 제공된다는 점이다.

R Commander를 설치하는 과정은 다음과 같다.

```
> install.packages("Rcmdr")
> library(Rcmdr)   # R commander의 사용 명령
```

설치한 후에 실행하면, 다음과 같은 화면이 제공되고, 사용할 수 있는 상태가 된다.

기본적으로 데이터셋의 설정을 먼저 실행하는 구조로 되어 있다.

[그림 6.7] R Commander 실행 화면

[Rattle]

R을 활용한 Data Mining에 유용한 도구이다.

```
> install.packages("rattle")
> library(rattle)
> rattle()   # rattle의 수행을 위한 명령어이다. 수행하면 아래와 같은 화면이 뜨고 작동한다.
```

[그림 6.8] Rattle 실행 화면

[Revolution R]

R의 배포를 위하여 R에서 제공하는 공식 홈페이지 외에, 여러 가지 추가 기능을 묶어서 재배포하는 경우가 있다. 이런 목적으로 만들어진 것이 Revolution R이며, 기존의 R 제품 외에 추가적인 기능을 포함하여 www.revolutionanalytics.com에서 무료로 다운받아 사용할 수 있다. 설치 후에 자체적으로 R GUI를 제공하므로, 이것을 사용한다.

[Google의 Motion chart]

구글에서 제공하는 Motion chart 기능이다. 고품질의 멋진 그래프와 분석 기능을 제공한다. 'Code.google.com/p/google-motion-charts-with-r'에서 데모와 사용법, 제품을 얻을 수 있다.

사용자의 입장에서 앞에서 설명한 여러 제품들 외에도 다양한 형태의 제품이 계속적으로 출시되고 발전하고 있다는 점을 기억할 필요가 있다.

이 책을 마친 후에는 어떤 면에서 R을 활용할 지를 정하여 공부를 계속해야 할 것이다.

[공부의 상세 방향]

- 적합한 패키지를 찾고, 그것의 사용법을 공부하는 것
- 다른 사람이 분석한 사례를 찾아서 살펴보고, 나의 것으로 소화하여 활용하는 것

06

R 명령어 정리

R의 공부를 마무리하면서 R에서 자주 사용하는 명령어를 종합적으로 정리하는 것이 필요할 것으로 생각한다. 이것을 통하여 앞에서 배웠던 내용에 대한 복습과 추가적인 명령어가 어떤 것이 있는지를 확인하게 되며, 이런 과정을 통해서 좀 더 깊은 이해가 가능하다고 생각한다. 마지막으로 R에서 공통적으로 사용하는 부분에 대한 명령어를 정리하며, 특정 패키지에 한정된 것은 정리하지 않는다.

```
> # R에서는 주석을 달고자 하면 # 다음에 원하는 글을 쓴다

>      # 키보드 입력 대기 표시
+      # 명령을 완료하라는 표시

> # (예) summary 명령어 입력에 ")"를 넣지 않고 Enter 키를 입력하였으므로 완료하라고 + 표시가 나옴

> summary(a
+

> # 명령어 입력 중에 잘못 입력하면, Esc 키를 누르면 명령어의 입력이 취소된다

> # 명령어 입력 대기 상태에서(> 상태) up, down 키를 이용하여 이전 또는 다음에 수행했던 명령문을 가져
> # 올 수 있다

> # = or <- ,->는 할당 연산자이다  (예, a=10, a<-10, 10->a)

> # 함수명을 넣으면, 함수의 모습이 보여진다

> # (예) 아래는 summary와 ls 함수에 대한 실행 예이다
```

> ls #ls()라고 하면 수행이 되고, ls라고 하면 함수의 소스가 보여진다

```
function (name, pos = -1L, envir = as.environment(pos), all.names = FALSE,
    pattern, sorted = TRUE)
{
    if (!missing(name)) {
        pos <- tryCatch(name, error = function(e) e)
        if (inherits(pos, "error")) {
            name <- substitute(name)
            if (!is.character(name))
                name <- deparse(name)
            warning(gettextf("%s converted to character string",
                sQuote(name)), domain = NA)
            pos <- name
        }
    }
    all.names <- .Internal(ls(envir, all.names, sorted))
    if (!missing(pattern)) {
        if ((ll <- length(grep("[", pattern, fixed = TRUE))) &&
            ll != length(grep("]", pattern, fixed = TRUE))) {
            if (pattern == "[") {
                pattern <- "\\["
                warning("replaced regular expression pattern '[' by  '\\\\['")
            }
            else if (length(grep("[^\\\\]\\[<-", pattern))) {
                pattern <- sub("\\[<-", "\\\\\\[<-", pattern)
                warning("replaced '[<-' by '\\\\[<-' in regular expression
pattern")
            }
        }
        grep(pattern, all.names, value = TRUE)
    }
    else all.names
}
<bytecode : 0x07e6123c>
```


> # R에서 문자열은 인용부호로 감싼다 (예) "abcdefg"

```
> # 변수명은 대소문자로 구분하고 문자, 숫자 그리고 점을 가질 수 있고 숫자로 시작하면 안 된다

> # names(list) list의 요소 이름을 보여준다. 그리고 >list$element는 list의 요소 접근 방법이다

> # (예) list 요소 접근에 대한 예이다

> member <- list(name="minho", tel="1234")    # list형의 자료 선언
> member                    # 자료의 모양 확인
$name
[1] "minho"

$tel
[1] "1234"

> names(member)            # list 자료의 구성 항목명 확인
[1] "name" "tel"
> member$name              # list의 구성 요소에 있는 데이터 확인
[1] "minho"
>


> #===========================================================
> # R에서 자주 사용되는 명령어 정리

> help.start()             # R 도움말 화면을 기동하여 필요한 정보를 찾는다

> help(command)            # command에 대한 도움말

> demo()                   # 사용자의 R에 설치된 패키지가 제공하는 R 데모 실행
> # (예) > demo(graphics))

> example(function)        # 함수의 예제 표시 (예) > example(summary)

> str(a)                   # a의 내부 구조 표시

> summary(a)               # a의 요약 표시

> dir()                    # 현재 디렉터리 파일 표시
```

```
> setwd(path)                         # 작업 디렉터리 설정

> ls() or > objects()                 # 작업 공간의 객체 표시

> ls.str()                            # 작업 공간의 객체 구조 표시

> rm(x,y,...)                         # 작업 공간에서 객체 x,y,... 제거

> rm(list=objects())                  # 작업 공간에 있는 변수, 함수를 모두 제거

> methods(a)                          # 함수 a의 여러 가지 실행문 표시

> methods(class=class(a))     # 클래스 a의 실행문 표시

> # (예) 함수를 선언하고, method를 사용하는 예이다

> minho <-function() {        # 함수 선언
+ x <-10;
+ y <-20;
+ return(x*y)
+ }

> minho                               # 함수명을 넣으면 함수의 모습이 보인다
  function() {
  x <-10;
  y <-20;
  return(x*y)
  }

> minho()                             # 함수를 수행한다. 결과를 보여준다
[1] 200

> methods("minho")            # 함수의 메소드를 찾는다. 메소드가 없다고 보여준다
no methods found
>

> search()                            # 작업 공간에 있는 패키지 이름을 표시
```

```
> library(package)              # 패키지를 불러와서 작업 공간에 로드함

> find("command")              # command가 포함된 패키지 표시

> library(help=package)        # 패키지의 함수와 데이터셋 목록 표시

> # (예)
> search()                     # 작업 공간의 패키지 확인
[1] ".GlobalEnv"         "package:stats"    "package:graphics"
[4] "package:grDevices" "package:utils"    "package:datasets"
[7] "package:methods"   "Autoloads"        "package:base"

> find("add")                  # add 메소드가 포함된 패키지 검색
character(0)

> library(help="graphics")     # graphics 패키지에 대한 필요 정보 표시

> find("abline")               # abline 메소드가 포함된 패키지 검색
[1] "package:graphics"

> install.packages("suplib")   # R 웹사이트에서 suplib 패키지 설치

> update.packages()            # R 웹사이트에서 패키지 업데이트

> save.image(file)             # 작업 공간 저장

> load(file)                   # 작업 공간 불러오기

> # (예)

> save.image(file="list2")
> dir()
 [1] "a.csv"                  "AgBaseRun.exe"
 [3] "AgentBase.exe"          "AgentSet.ini"
 [5] "AgentSet.sec"           "AUtempR"
 [7] "b.csv"                  "Banana.csv.xlsx"
```

```
> load(file="list2")
> ls()
 [1] "a"                 "B"                 "bb"
 [4] "k"                 "LifeCycleSavings" "lst"
 [7] "m"                 "m1"                "member"

>

> data(x)                          # 데이터셋(프레임) x 불러오기

> source(file)                     # R 스크립트 파일 실행

> sink(file)                       # 출력을 화면 대신 파일로 저장, until sink()

> # (예)

> sink("abdc")                     # 출력을 저장할 파일을 지정
> ls()                            # 출력이 파일로 저장되고 화면에는 보이지 않음
> sink()                          # sink를 푼다
> ls()
 [1] "a"                 "b"                 "B"
 [4] "bb"                "k"                 "LifeCycleSavings"
 [7] "lst"               "m"                 "m1"
[10] "member"            "minho"             "oec"
[13] "opar"              "pie.sales"         "pop"
[16] "R"                 "result"            "USArrests"
[19] "v1"                "v2"                "v3"
[22] "v4"                "v5"                "v6"
[25] "x"                 "y"
>

> #=============================================================
> # 파일과 관련된 명령어

> scan(file)                       # 파일에서 벡터 목록 읽기

> # 파일에서 데이터 프레임 읽기 첫 줄은 이름이고 공백으로 분리
```

```
> read.table(file,header=TRUE)

> read.csv(file,header=TRUE)                 # 콤마 분리 파일 읽기

> read.delim(file,header=TRUE)               # 탭 분리 파일 읽기

> read.fwf(file,widths)                      # 고정 길이 형식 파일 읽기

> save(file,x,y,...)                         # x,y를 작업 공간 형식으로 파일 저장

> print(x)                                   # x를 기본 형식으로 표시

> cat(x,y,...,file="", sep=" ")             # x와 y를 합하여 표시

> # (예)

> a <-"abc"
> b <-"def"

> cat(a,b)
abc def

> print(a)
[1] "abc"

>
> write.table(x,file="")                     # 데이터 프레임으로 저장

> write.table(x,"clipboard")                 # 클립보드로 저장

> read.delim("clipboard")                    # 클립보드에서 읽어오기

> read.dta("statafile")                      # Stata 데이터 읽기

> read.ssd("sasfile")                        # SAS 데이터 읽기

> read.spss("spssfile")                      # SPSS 데이터 읽기
```

```
> #==========================================================
> # 자료형의 생성 및 사용에 관한 명령어


> x=numeric(n)                     # 모든 요소가 0인 n개의 수치 벡터 생성

> # (예)

> x <-numeric(100)
> x
  [1] 0 0 0 0 0 0 0 0 0 0 0 0 0 0 0 0 0 0 0 0 0 0 0 0 0 0 0 0 0 0 0 0 0 0 0 0
 [37] 0 0 0 0 0 0 0 0 0 0 0 0 0 0 0 0 0 0 0 0 0 0 0 0 0 0 0 0 0 0 0 0 0 0 0 0
 [73] 0 0 0 0 0 0 0 0 0 0 0 0 0 0 0 0 0 0 0 0 0 0 0 0 0 0 0 0

> c(x,y,...)                       # 벡터형의 자료를 생성한다

> # (예)

> x <- c(1,4,6,6,4,3,6,7)
> x
[1] 1 4 6 6 4 3 6 7

> # a:b                            # a에서 b까지 연속된 정수 생성

> seq(from,to,by=)                 # by만큼 증가하는 수 생성

> # (예)

> x <- c (seq (from=1, to=20, by=2))
> x
 [1]  1  3  5  7  9 11 13 15 17 19

> gl(n,k,length=n*k,labels=1:n)    # n개의 인자를 k번 반복함

> # (예)

> gl(2,1,20)
 [1] 1 2 1 2 1 2 1 2 1 2 1 2 1 2 1 2 1 2 1 2
```

```
Levels : 1 2

> gl(3,1,20)                      # 1을 1번, 2를 1번 ~~~
 [1] 1 2 3 1 2 3 1 2 3 1 2 3 1 2 3 1 2 3 1 2
Levels : 1 2 3

> gl(3,3,20)                      # 1을 3번, 2를 3번 ~~~
 [1] 1 1 1 2 2 2 3 3 3 1 1 1 2 2 2 3 3 3 1 1
Levels : 1 2 3


> #==========================================================
> #   데이터의 조작에 관련된 명령어


> X=matrix(x,nrow=r,ncol=c)        # rxc 행렬을 생성

> rbind(x,y,. . . )               # 행 묶음

> cbind(x,y,. . . )               # 열 묶음

> # (예)

> x <- c(1:12)
> x
 [1]  1  2  3  4  5  6  7  8  9 10 11 12

> X <- matrix(x, nrow=3, ncol=4)
> X
 [,1] [,2] [,3] [,4]
[1,]    1    4    7   10
[2,]    2    5    8   11
[3,]    3    6    9   12

> rbind(X)
   [,1] [,2] [,3] [,4]
[1,]    1    4    7   10
[2,]    2    5    8   11
[3,]    3    6    9   12
```

```
> rbind(X[,2])
    [,1] [,2] [,3]
[1,]    4    5    6

> cbind(X[2,])
        [,1]
  [1,]    2
  [2,]    5
  [3,]    8
  [4,]   11

> rbind(X[1,2])
      [,1]
[1,]    4
>
> t(X)                        # 전치행렬 (=뒤집은 행렬)

> det(X)                      # 행렬식을 구함

> norm(x)                     # 행렬의 크기를 재는 것으로, norm 값을 구함

> diag(X)                     # 대각행렬

> # (예)

> x <- c(1:16)
> x
 [1]  1  2  3  4  5  6  7  8  9 10 11 12 13 14 15 16


> X <- matrix(x, nrow=4, ncol=4)
> X
     [,1] [,2] [,3] [,4]
[1,]    1    5    9   13
[2,]    2    6   10   14
[3,]    3    7   11   15
[4,]    4    8   12   16
```

```
> t(X)
     [,1] [,2] [,3] [,4]
[1,]    1    2    3    4
[2,]    5    6    7    8
[3,]    9   10   11   12
[4,]   13   14   15   16

> det(X)
[1] 0

> norm(X)
[1] 58

> diag(X)
[1]  1  6 11 16
>

> rowSums(X), rowMeans(X)          # 행의 합, 평균

> colSums(X), colMeans(X)          # 열의 합, 평균

> dim(X)                           # 차원

> # (예)

> rowSums(X)
[1] 28 32 36 40

> colMeans(X)
[1]  2.5  6.5 10.5 14.5

> dim(X)
[1] 4 4

> #  [기타 명령어]
> # X%*%Y 행렬곱, solve(X) 역행렬, solve(X,b) Ax=b의 해, forwardsolve(A,b)
> # 하삼각 행렬의 해, backsolve(A,b) 상삼각 행렬의 해, qr.solve(X) QR 분해 역행렬,
> # qr(X) QR 분해, eigen(X) 고유값 분해, svd(X) 특이값 분해
```

```
> #=======================================================
> # 문자열의 조작에 관련된 명령어


> x=character(n)                    # 빈 문자열 벡터 생성

> nchar(x)                         # 문자수

> substring(x,start), substr(x,start,stop)    # 부분 문자열

> strsplit(x,split)               # 문자열 분리

> grep(pattern,x)                 # 문자열 찾기 -- 본문의 내용을 참조할 것 !!  중요함

> gsub(pattern,replacement,x)    # 문자열 대치

> tolower(x), toupper(x)         # 소문자 변환, 대문자 변화

> #(예)

> x <-character(10)
> x
 [1] "" "" "" "" "" "" "" "" "" ""
> nchar(x)
 [1] 0 0 0 0 0 0 0 0 0 0
> x <- "abc"
> y <- "cefghij"

> substr(y, 3, 5)
[1] "fgh"

> splitC <-"g"
> strsplit(y,splitC)
[[1]]
[1] "cef" "hij"

> toupper(x)
```

```
[1] "ABC"
>

> #===========================================================
> #   데이터형에 따른 데이터 조작에 관련된 명령어


> X=data.frame(x,y,...)              # 데이터 프레임 생성

> X$v                               # 데이터 프레임 X의 변수 v

> # (예)

> no <- c(1,2,3,4)
> name <-c("Apple","Banana","Peach","Berry")
> prices <- c(500,200,150,50)
> qty <- c(5,2,7,8)
>
> fruit <- data.frame(No=no, Name=name,Prices=prices,Qty=qty)
> fruit
  No   Name Prices Qty
1  1  Apple    500   5
2  2 Banana    200   2
3  3  Peach    150   7
4  4  Berry     50   8

> fruit$No
[1] 1 2 3 4
> fruit$Name
[1] Apple  Banana Peach  Berry
Levels : Apple Banana Berry Peach

> fruit[1,]
  No  Name Prices Qty
1  1 Apple    500   5

> fruit[, 2]
[1] Apple  Banana Peach  Berry
```

```
Levels : Apple Banana Berry Peach

> fruit[, -2]
  No Prices Qty
1 1    500   5
2 2    200   2
3 3    150   7
4 4     50   8
>

> attach(X)                    # X의 내부변수를 게시, 해제하는 경우에는 > detach(X) 사용

> # 벡터나 데이터 프레임과 같은 데이터형을 다룰 때, 공통적으로 사용되는 데이터 조작 방법

> x[n]                         # 벡터의 n번째 요소

> x[-n]                        # n번째 요소를 제외한 모든 요소

> x[1:n]                       # 첫 번째부터 n번째까지의 요소

> x[-(1:n)]                    # 첫 번째부터 n번째까지를 제외한 요소

> x[c(1,4,2)]                  # 1, 4, 2번째의 요소

> x["name"]                    # "name" 이름의 요소

> x[x > 3]                     # 3보다 큰 요소

> x[x > 3 & x < 5]             # 3과 5사이의 요소

> X[i,j]                       # i행, j열 요소

> X[i,]                        # i행 X[,j] j열 요소

> X[,c(1,3)]                   # 행렬의 1, 3열

> X["name",]                   # 행렬에서 행 이름이 "name"인 행
```

```
> X[["name"]] or X$name          # 데이터 프레임의 열 이름이 "name"

> x[["name"]] or x$name          # 리스트의 요소 이름 "name"

> x[[n]] or x[n]                 # 리스트 n번째 요소

> # (예)

> no <- c(1,2,3,4)
> name <-c("Apple","Banana","Peach","Berry")
> prices <- c(500,200,150,50)
> qty <- c(5,2,7,8)
>
> fruit <- data.frame(No=no, Name=name,Prices=prices,Qty=qty)
> fruit
  No    Name Prices Qty
1  1   Apple    500   5
2  2  Banana    200   2
3  3   Peach    150   7
4  4   Berry     50   8

> fruit[1,1]
[1] 1

> fruit["Name"]
    Name
1  Apple
2 Banana
3  Peach
4  Berry

> fruit[1,]
  No  Name Prices Qty
1  1 Apple    500   5

> fruit[,c(1,2)]
  No    Name
1  1   Apple
```

```
2  2 Banana
3  3  Peach
4  4  Berry

> fruit[["Qty"]]
[1] 5 2 7 8

> #=================================================
> # 데이터에 대한 특성을 파악하고 조작하는 명령어


> which.max(x)                    # 최대값 위치

> which.min(x)                    # 최소값 위치

> rev(x)                         # 반전

> sort(x)                        # 오름차순 정렬

> cut(x,breaks=n)                # 구간 나누기

> match(x, y)                    # 일치 벡터

> which(x == a)                  # 위치 찾기

> na.omit(x)                     # 데이터 손실 제거

> na.fail(x)                     # 데이터 손실이 있으면 에러 메시지

> unique(x)                      # 반복 제거

> table(x)                       # 테이블 작성

> subset(x, ...)                 # 부분집합

> sample(x, n)                   # 표본추출

>#  (예)
```

```
> y <- c( 11,12,16,11,18,19,20,19,20)
> y
[1] 11 12 16 11 18 19 20 19 20
> which.max(y)
[1] 7
> sort(y)
[1] 11 11 12 16 18 19 19 20 20
> which(y==16)
[1] 3
> table(y)
y
11 12 16 18 19 20
 2  1  1  1  2  2
> unique(y)
[1] 11 12 16 18 19 20
> sample(y, 4)
[1] 19 11 11 18
>

> max(x)                       # 최대값

> min(x)                       # 최소값

> fivenum(x)                   # 다섯 수치 요약 (min,Q1,median,Q3,max)

> sum(x)                       # 합계

> diff(x)                      # 반복 차이 계산

> prod(x)                      # 곱하기

> mean(x)                      # 평균

> median(x)                    # 중위수

> quantile(x,probs=)           # 사분위수 (defaults to 0,.25,.5,.75,1)
```

```
> weighted.mean(x, w)              # 가중평균

> rank(x)                          # 순위

> sd(x)                            # 표준편차

> var(x, y) or cov(x, y)           # 분산, 공분산

> cor(x, y)                        # 상관계수

> scale(x)                         # 표준화 변환

> pmin(x,y,...)                    # 각각의 요소 최소값

> pmax(x,y,...)                    # 각각의 요소 최대값

> cumsum(x)                        # 1번 요소부터 합계값

> cumprod(x)                       # 1번 요소부터 곱셈값

> cummin(x)                        # 1번 요소부터 최소값

> cummax(x)                        # 1번 요소부터 최대값

> union(x,y) 합집합, > intersect(x,y) 교집합, > setdiff(x,y) 차집합

> # (예)

> x <-c(1,2,4,5,7,8,9,10)
> x
[1]  1  2  4  5  7  8  9 10

> sum(x)
[1] 46
> fivenum(x)
[1]  1.0  3.0  6.0  8.5 10.0

> diff(x)
```

```
[1] 1 2 1 2 1 1 1
> prod(x)
[1] 201600

> rank(x)
[1] 1 2 3 4 5 6 7 8
> scale(x)
          [,1]
[1,]  -1.4463359
[2,]  -1.1418441
[3,]  -0.5328606
[4,]  -0.2283688
[5,]   0.3806147
[6,]   0.6851065
[7,]   0.9895982
[8,]   1.2940900
attr(,"scaled:center")
[1] 5.75
attr(,"scaled:scale")
[1] 3.284161

> cumsum(x)
[1]  1   3   7 12 19 27 36 46
> cummin(x)
[1] 1 1 1 1 1 1 1 1

> pmin(x)
[1]  1   2   4   5   7   8   9 10
>

> #===============================================================
> # R에서 다양한 분포를 가지는 자료를 생성하는 경우에 사용하는 명령어


> rnorm(n, mean=0, sd=1)                    # 가우시안 정규분포 생성

> rexp(n, rate=1)                           # 지수분포 생성
```

```
> rgamma(n, shape, scale=1)                    # 감마분포 생성

> rbinom(n, size, prob)                        # 이항분포 생성

> rpois(n, lambda)                             # 포아송분포 생성

> rgeom(n, prob)                               # 기하분포 생성

> rhyper(nn, m, n, k)                          # 초기하분포 생성

> rweibull(n, shape, scale=1)                  # 웨이블분포 생성

> rcauchy(n, location=0, scale=1)              # 코시분포 생성

> rbeta(n, shape1, shape2)                     # 베타분포 생성

> rt(n, df)                                    # 스튜던트 t 분포 생성

> rf(n, df1, df2)                              # 피셔의 f 분포 생성

> rchisq(n, df)                                # 피어슨 카이제곱 생성

> rlogis(n, location=0, scale=1)               # 로지스틱 분포 생성

> rlnorm(n, meanlog=0, sdlog=1)                # 로그 정규분포 생성

> rnbinom(n, size, prob)                       # 음수 이항분포 생성

> runif(n, min=0, max=1)                       # 균등분포 생성

> rwilcox(nn, m, n), rsignrank(nn, n)          # 윌콕슨분포 생성

> # (예)

  > runif(20, min=0, max=40)
   [1] 22.877555 24.326066  8.666739 21.777638 34.539522  6.096339 21.733738
   [8] 12.370874 12.519952  2.118870 16.501052 11.505968 29.108899  9.834920
  [15]  3.585155 28.620124 31.512663 31.093202 24.539459 21.909670
```

```
> rt(20, 5)
 [1]   1.653823e-01 -5.156882e-01 -1.368947e+00 -7.927111e-01  1.720072e+00
 [6]   9.672384e-02 -1.420210e+00  2.854782e-01 -2.926001e+00  3.620983e-01
[11]  -3.132938e+00 -8.790089e-01  5.520228e-01  2.398875e+00 -2.175658e+00
[16]   1.366822e+00 -3.234424e+00 -1.015016e+00 -2.550750e-01 -5.283295e-05

> rnorm(20, mean=0, sd=1)
 [1]   1.37752541 -1.23346320  0.28621230 -0.92914724  0.98798556 -0.68749472
 [7]  -0.57149987  0.22430468 -0.02110443  0.39344688 -1.47115804  1.27646737
[13]   0.03098378  0.13613986  1.82036941 -0.76517368  1.22351406  1.15200947
[19]   1.43514936  1.69559127
>
```

```
=========================================================================
> # 각종 검정 및 분석에 사용되는 명령어 (상세한 사용법은 책의 본문 참조)

> anova(fit,...)                   # 분산 분석

> density(x)                       # 커널밀도 추정

> binom.test()                     # 이항분포 검정

> pairwise.t.test()                # 대응표본 t-검정

> power.t.test()                   # 독립표본 t-검정

> prop.test()                      # 비율 검정

> t.test()                         # t-검정

> lm(formula)                      # 선형 회귀 모형

> glm(formula,family=)             # 일반화 선형 모형

> nls(formula)                     # 비선형 회귀 모형

=========================================================================
```

```
> # R의 그래프에 대한 명령어 (상세한 사용법은 책의 본문 참조)


> plot(x, y)                          # 산점도


> curve(expr(x),a,b)                  # 수식에서 x값 [a, b] 곡선 그리기


> hist(x)                             # 히스토그램


> stem(x)                             # 줄기-잎 그림


> barplot(x)                          # 막대 그래프


> dotchart(x)                         # 점 그래프


> pie(x)                              # 원 그래프


> boxplot(x,y, . . . )                # 상자 그림


> sunflowerplot(x, y)                 # 빈도에 따른 꽃모양 표현, 꽃의 크기가 빈도의 크기


> stripplot(x)                        # 일차원 산점도


> coplot(x~y | z)                     # z값에 따른 이차원 그래프 (* 본문에 설명이 없는 그림이다)


> interaction.plot (f1, f2, y)        # 교호작용 그림 (* 본문에 설명이 없는 그림이다)


> mosaicplot(x)           # 모자익 그래프, 다차원 분할표에 대한 비율과 합계를 사각형 면적으로 표시


> pairs(X)                            # 산점도 행렬


> plot.ts(x)                          # 시계열 그래프


> s.plot(x)                           # 다중 시계열 그래프


> qqnorm(x)                           # 누적 정규확률 분포 그래프


> qqplot(x, y)                        # 분위수 그래프 (* 본문에 설명이 없는 그림이다)
```

```
> qqline(x)                          # 분위수 직선 그리기(* 본문에 설명이 없는 그림이다)

> contour(x, y, z)                   # 입체형의 등고선 그래프

> filled.contour(x, y, z)            # 내부 색칠 등고선 그래프

> image(x, y, z)                     # 3차원 자료 이미 지표시

> persp(x, y, z)                     # 3차원의 그래프

> stars(x)                           # 별 그림

> symbols(x, y, ...)                 # 산점도 심볼 그래프


># 그림을 그릴 때, 보조로 필요한 기능이 있다. 대표적인 것 몇 가지만 정리한다

> # xlim=, ylim= 한계값, xlab=, ylab= 축설명, main= 제목, sub= 부제,
> # legend(x, y, text) 범례, title() 부제,axis(side) 가로, 세로축,
> # par(...) 그래픽 출력 변수 설정,adj 글자 정렬, bg 배경색, bty 외곽선 형태 지정, cex 심볼,
> # 글씨 크기, col 색 지정, font 글씨체, las 글씨 방향, lty 선 형태, lwd 선굵기,
> # mar 그래프 여백 지정, mfcol 출력 배열 형식 c(nr,nc), mfrow 출력 배열 형식 (행우선),
> # pch 심볼 형태 지정, ps 글씨 크기(point), xaxs, yaxs 축 형태, xaxt, yaxt 축 표시
> # 기본 그림이기도 하지만, 기존에 그려진 그림 위에 보조적으로 그림을 그리는데,
> # 사용되는 명령어를 정리한다. 상세한 사용법은 본문의 내용을 참고한다

> points(x, y)                       # 점 그리기

> lines(x, y)                        # 선 그리기

> text(x, y, labels, ...)            # 그림 위에 문자 나타내기

> mtext(text, side=3, line=0, ...)   # 문자 나타내기

> arrows(x0, y0, x1, y1)             # 화살표 나타내기

> abline(a,b)                        # a 절편 b 기울기 직선
```

```
> rect(x1, y1, x2, y2)                    # 사각형 그리기

> polygon(x, y)                           # 다각형 그리기

> box()                                   # 외곽선 그리기

> #===============================================================
> # 어렵고, 많이 사용되는 명령어 몇 개를 정리한다. 내용은 본문을 참조한다

> replicate(n, func(x=x))                 # 반복 실행

> apply(x,index,fun)                      # 행렬의 행(index=1), 열(index=2) 함수 실행

> # (예)

> x<- cbind(x1 = 3, x2 = c(4:1, 2:5))
> # 컬럼은 x1, x2의 2개이고, 값은 3 / 4,3,2,1,2,3,4,5
> x
 x1 x2
[1,]  3  4
[2,]  3  3
[3,]  3  2
[4,]  3  1
[5,]  3  2
[6,]  3  3
[7,]  3  4
[8,]  3  5
> dimnames(x)[[1]] <- letters[1:8]        # row에 a~h까지의 문자 할당
> x
x1 x2
a  3  4
b  3  3
c  3  2
d  3  1
e  3  2
f  3  3
g  3  4
```

```
h  3  5

> apply(x, 2, mean, trim = .2)          # x의 row(=2)의 평균값을 구함
x1 x2
3  3

> col.sums <- apply(x, 2, sum)          # x의 row(=2)의 합을 구함
> col.sums
x1 x2
24 24

> row.sums <- apply(x, 1, sum)          # x의 컬럼(=1)의 합을 구함
> row.sums
a b c d e f g h
7 6 5 4 5 6 7 8
>

> lapply(x,fun) or sapply(x,fun)        # 리스트 함수 실행

> #(예)

> require(stats); require(graphics)

> #자료형 생성
> x <- list(a = 1:10, beta = exp(-3:3), logic = c(TRUE,FALSE,FALSE,TRUE))

> x                                     # 생성된 자료의 모습 확인
$a
[1]  1  2  3  4  5  6  7  8  9 10

$beta
[1]  0.04978707  0.13533528  0.36787944  1.00000000  2.71828183  7.38905610
[7] 20.08553692

$logic
[1]  TRUE FALSE FALSE  TRUE

> lapply(x, mean)                       # 각 자료의 평균을 구한다
```

```
$a
[1] 5.5

$beta
[1] 4.535125

$logic
[1] 0.5

> lapply(x, quantile, probs = 1:3/4)

$a
25%  50%  75%
3.25 5.50 7.75

$beta
25%         50%         75%
0.2516074 1.0000000 5.0536690

$logic
25% 50% 75%
0.0 0.5 1.0

> sapply(x, quantile)
     a        beta logic
0%     1.00  0.04978707   0.0
25%    3.25  0.25160736   0.0
50%    5.50  1.00000000   0.5
75%    7.75  5.05366896   1.0
100% 10.00 20.08553692   1.0
>

> tapply(X,INDEX,FUN=)                # 행렬의 모든 셀에 적용

> # (예)

> groups <- as.factor(rbinom(32, n = 5, prob = 0.4))
> groups
```

```
[1] 10 14 13 10 14
Levels : 10 13 14
> tapply(groups, groups, length)          # table과 동일한 효과

10 13 14
 2  1  2
> table(groups)                           # 위의 tapply와 동일한 효과
groups
10 13 14
 2  1  2
>


> #===============================================================
> # Programming (프로그래밍)에 대한 부분을 정리한다

>  sum1 <- 0                              # 변수를 설정

> # [for문의 사용 예 1]
> for(i in seq(1,10, by=1)) sum1 <-sum1+i # 1에서 10을 1단위로 차례로 넣고, 이것의 합을
> # 구한다

> # [for문의 사용 예 2]
> sum1 <-0                                # 변수를 설정

> for(i in 1:5) {                         # 1*1, 1*2.... 5*5의 합을 구한다
+     for(j in 1:5)
+        sum1 <-sum1+i*j
+ }

> # [while문의 사용 예 1]
> sum2 <- 0
> i <-1

> while(i <=10) {                         # 1,2,3... 10을 차례대로 넣고 더한다
+   sum2 <-sum2+i;
+   i <-i+1
+}
```

```
> # [while문의 사용 예 2]
>sum2 <-0
>i <- 0

>while(i<=5) {                                    # 1*1, 1*2.... 5*5의 합을 구한다
>  j<-0
>  while(j <=5) {
>    sum2 <-sum2+i*j
>     j <- j+1
>  }
>  i<-i+1
>}

# [repeat문의 사용 예 1]
>sum3 <-0
>i <-1

>repeat{
>  sum3 <- sum3 + i
>  i <- i+1
>  if(i>10) break
>}

# [repeat문의 사용 예 2]
>sum3 <- 0
>i <- 0

>repeat {                                         # 1*1, 1*2.... 5*5의 합을 구한다
>  if(i>5) break
>  j<-0
>  repeat {
>    if(j>5) break
>    sum3 <-sum3+i*j
>    j<-j+1
>  }
>  i<-i+1
>}
```

```
> # [if문의 사용 예]
> if(x>0) print(abs(x))

> if(x<0.5) print (1-x) else print(x)

> #============================================================
```

이상으로, R에서 공통적으로 사용하는 명령어들에 대해 정리하고, 복습하는 시간을 가져 보았다. 여기에 요약된 명령어들은 많이 사용되므로 잘 익혀두기 바란다. 그리고 여기에 언급되지 않았지만, R에는 이상한 명령어가 많다. 업무를 하면서 이런 이상한 명령어를 만나는 경우에는 우리에게 멋진 무기가 있다는 것을 명심하자.

```
> help(apply)    # ls에 대해 설명을 보여달라
```

명령어가 수행되면 도움말이 표시될 것이다. 맨 아래 부분으로 이동하면 예가 있다. 대부분의 경우에 주어진 예를 한 줄씩 R에서 수행함으로써, 많은 것을 알 수 있다. 그리고 주어진 예를 잘 이해하면, 자신만의 것을 만드는 기초가 된다.

위에 주어진 apply 도움말의 예를 한줄씩 카피해서 R에서 수행해 보고, 결과를 확인해 보자. 그리고, 앞으로는 그런 과정의 반복을 통해서 발전한다는 것을 꼭 기억하고 부지런히 노력해서 전문가가 되기를 바란다.

R에 대해 공부하면서, '나는 어느 정도 R을 다루는 수준일까?'라는 생각을 해보았을 것이다.

아래에 R의 사용 수준에 대하여 "Revolution Analytics"에 좋은 그림이 있어서 인용하였다.

아마도 이 책을 공부한 독자는 R aware 수준 정도가 될 것이다. 그리고 좀 더 공부하면 R user 로 발전할 수 있을 것이다.

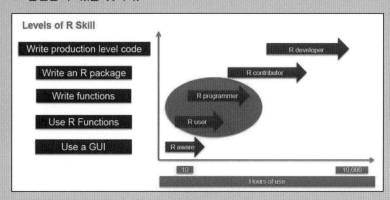

그런데, 한 가지 중요한 점은 여러분의 목표가 R을 배우는 것이 아니고, R을 잘 활용하는 것이 라는 점을 기억해 주기 바란다.

이 책을 마친 후에는 본인이 원하는 기능을 제공하는 R 패키지를 찾아서 공부하는 것도 매우 중요한 공부 방법이 될 수 있다.

멋진 그래프를 원하면 ggplot2가 좋은 출발선이 될 수 있다.

대용량 데이터 분석을 원하면, R을 기반으로 분석 기능을 다양하게 제공하는 별도의 패키지를 배우는 것이 효과적이다.

찾아보기

A~L

abs 24
ann 95
ANOVA 151
any 35
append 31
apply 37
asin 24
axes 95
Axis 98
barplot 101
cat 26
cbind 36
chamatch 33
chrtr 33
colnames 37
CRAN 11
dotchart 109
exp 24
floor 24
for 72
function 65
ggplot2 13
gl 35
grep 33
head 26
help 26
if 70
igraph 15
intersect 32
Legend 100
length 30
library 15
Lines 99
load 50
log10 24
ls 25

M~X

main 95
match 33
MDI 21
mean 30
mfrow 91
order 30
par 91
paste 33
Pch 100
plot 92
Prop.test 274
R.studio 249
range 30
rbind 36
rep 35
repeat 72
rev 30
rm 25
round 24
rowSums 46
runif 24
scan 54
screen 89
sd 30
search 15
seq 32
setdiff 32
setwd 25
sin 24
sink 26
sort 30
sqrt 24
strsplit 33
summary 26
switch 70
tail 26
tmag 95
tolower 33
t-test 151
Type 95
union 32

unique 33
view 26
while 72
xlab 95

ㄷ~ㅅ

다중 회귀 분석 173
대화형 모드 22
데이터 분석 140
데이터 프레임 40
독립성 151
몬테카를로 시뮬레이션 224
배열 47
배치 모드 23
벡터 29
부호 검정 170
분할표 151
비율 검정 171
상관 분석 164
샤피로-윌크 검정 162
시각화 145
시뮬레이션 206

ㅇ~ㅎ

연산자 75
워드 클라우드 220
의사결정트리 214
인과관계 151
인자 분석 191
적합성 151
정준 상관 분석 197
주성분 분석 195
차이 검정 151
카이제곱 검정 159
콜모고로프-스미노프 검정 161
피셔 검정 161
행렬 36
회귀 분석 164
휴리스틱 분석 147
히스토그램 146